人生如同故事，重要的並不在有多長，而是在有多好
——塞內加

相信命運
不如相信自己

目錄

Chapter 1 學會運用自我激勵的力量

Chapter 2 以積極的態度去應對煩惱

Chapter 3 善待人生，讓生活過得更豐富

Chapter 4 要適當舒解壓力

目錄

Chapter 5「寬容」的前提是理解

Chapter 6 自信將是幸福的保障

Chapter 1

學會運用自我激勵的力量

一個人如果想往好的方面發展，就要把握好潛意識暗示這一關，確保把積極的訊息傳遞給潛意識，把那些消極的東西擋在潛意識的大門外。

生活中和工作中存在諸多挑戰，要學會自我激勵，在挫折面前不低頭，不氣餒，學會自我排遣和自我調節，做自己情緒的掌控者，才能不斷前進，進而獲得更加理想的生活。

01 多關注自我意識

心理學家指出，信心與意志是一種心理狀態，是一種可以用自我暗示誘導和修練出來的積極的心理狀態！

成功始於覺醒，心態決定命運！這是現代的偉大發現，是成功心理學的卓越貢獻。成功心理、積極心態的核心就是自信主動意識，或者稱作積極的自我意識，而自信意識的來源和成果就是經常在心理上進行積極的自我暗示。反之也一樣，消極心態、自卑意識，就是經常在心理上進行消極的自我暗示。

就是說，不同的意識與心態會有不同的心理暗示，而心理暗示的不同也是形成不同的意識與心態的根源。所以說，心態決定命運，正是以心理暗示決定行為這個事實為依據的。

例如：星期天，本來約好和朋友出去玩，可是早上起來往窗外一看，下雨了。這時候，我們怎麼想？我們也許想：糟糕！下雨天，哪裡也去不成了，悶在家裡真無聊……如果想：下雨了，也好，今天在家裡做點家務，聽聽音樂……

這兩種不同的心理暗示，就會給我們帶來兩種不同的情緒和行為。

多數人的生活境遇，既不是一無所有，一切糟糕；也不是什麼都好，事事如意。這種一般的境遇相當於「半杯咖啡」。我們面對這半杯咖啡，心裡產生什麼念頭呢？消極的自我暗示是為少了半杯而不高興，情緒消沉；而積極的自我暗示，則是慶幸自己已經獲得了半杯咖啡，那就好好享用，因而情緒振作，行動積極。由此可見，心理暗示這個法寶有積極的一面和消極的一面，不同的心理暗示必然會有不同的選擇與行為，而不同的選擇與行為，必然會有不同的結果。

有人說：「一切的成就，一切的財富，都始於一個意念。」我們還可以再說得淺顯一些：我們習慣於在心理上進行什麼樣的自我暗示，就是貧與富、成與敗的根本原因。可以說，發展積極心態，是走向成功的主要途徑。

人與人之間本來只有很少的差異，但這很小的差異卻往往造成了巨大的差異！巨大的差異當然決定了是成功、幸福，還是平庸、不幸；而原本很小的差異，就是凡事所採取的心理暗示不同。所以說，兩種不同的心理暗示，必然會產生兩種不同的結果。

一個人的命運是由自我意識決定的，這句話的含義就包括了潛意識。因為積極的心理暗示要經常進行，長期堅持，這就意味著積極的自我暗示能自動進入潛意識，影響意識。只有潛意識改變了，才會成為習慣。

潛意識就是已經習慣成自然，不用有意控制的心理活動。根據生理的構造，人類完全能夠控制經由各種感覺器官進入潛意識的各種信息刺激和物質力量。但是，這並不等於人們隨時隨地經常的運用自己的控制力；而在絕大多數情況下，許多人並不運用這種控制力。如果人們都能主宰自己，怎麼會有那麼多人心態消極、一生貧苦卑賤呢？

潛意識就像一塊肥沃的土地，如果不在上面播下成功意識的良種，就會野草叢生，一片荒蕪。自我暗示就是播撒什麼樣種子的控制媒介，一個人可以經由積極的心理暗示，自動把成功的種子和創造性的思想灌輸進入潛意識的大片沃土。相反，也可以灌輸消極的種子或破壞性的思想，而使潛意識這塊肥沃的土地野草叢生。

堅持心理上積極的自我暗示，對個人獲得成功是非常重要的。

✓透過心理暗示的作用，能把樹立成功心理、發展積極心態這個總原則，變成可以具體操作的方式和手段。就是說，轉變意識、發展積極心態，就要從心理上的自我暗示做起。

✓心理暗示是人的自我意識中「有意識」和潛意識之間的溝通媒介。人的思想行為不可能一切都要有意識的選擇和控制，透過經常持久的積極暗示，讓自信主動的電流與潛意識接通，這才是真正具有巨大魔力的自我意識。

✓由於心理暗示的內容是具體的、實際的，所以，堅持積極的自我意識，也就必然要選擇確立自己的目標，而且主要的目標將滲透在潛意識中，作為一種模型或藍圖，支配你的生活和工作。

✓透過心理暗示這個具體實際、可以操作的環節，我們能把內容複雜的成功心理學融會貫通，化作簡單明確而又堅定不移的信心和意志，並且可以立刻行動。

心理暗示能夠直接支配影響我們的行動，所以，「自我意識決定我們有無發展、能否成功」這句話，就變得更加實在了。因此，在生活中，我們要養成自我激勵的習慣。

02 擺脫令人洩氣的自我暗示

對人來說，可能發生的最壞事情，莫過於他腦子裡總認為自己生來就是不幸的人，命運之神總是跟他過不去……但事實上並沒有什麼命運女神，命運是由我們自己控制、主宰的。

有許多具有真才實學的人終其一生少有所成，其原因就在於他們被令人洩氣的自我暗示所害。他們想像著失敗後將隨之而來的羞辱，直到完全喪失創新精神或創造力為止。

一個自認為天生就是失敗者的人，能取得什麼成就呢？成功是不可能來自於這種失敗思想的。當一個人非常擔心失敗或貧困時，當他總是想著可能會失敗或貧困時，他的潛意識裡就會形成這種失敗思想的印象，因而會使自己越來越處於不利地位。換句話說，因為他的思想與心態，讓他試圖做成功的事情變得不可能了。

幸運或是那些屬於我們思想中所謂殘酷的命運，都與自己有莫大的關係。經常看到有些能力並不十分突出的人做得非常不錯，而我們卻與他們有很大的不同，甚至招致大敗。我們認為有某種神祕的命運在幫他們，而在我們身外有某種東西總是在扯我們的後腿。但是，事實上卻很可能是我們的思想和心態在作祟。可以這麼說，我們面臨的問題，是根本不知道該如何提高自己。對自己不夠嚴格，對自己的要求不夠高。

我們應當希望自己有更加光輝燦爛的未來，應當認為自己是具有輝煌、超凡潛質的了不起的人物，要勇於高估自己。要全心全意希望自己健康，不允許自己去胡思亂想有哪些壞事會落到自己身上。一定要擁有健康的心態。

也該以同樣的態度對待成功。要有成功的心態、思想和行為舉止。要像個成功的、優秀的人士一樣行動。務必相信，自己心中的圖景及心態，便是我們將可能讓它變為現實的圖案。

如果希望自己成為勇敢、敢做敢為的人，就要堅定的擁有無所畏懼思想，不能害怕任何事情，不能使自己成為懦夫、膽小鬼。要痛下決心加強品格中的薄弱環節。如果卑怯膽小，容易害羞，那就激勵自己昂起頭、挺起胸來，顯示出自己充滿信念的氣概。

當自己膽怯、害羞時，不妨對自己說：「其他人太忙，不會來操心我或看著我，觀察我。即使他們看著我，觀察我，對我來說，也沒什麼大不了的。我將按自己的方式行事和生活。」如果能表現出這樣的自信時你將發現，我們的能力相應的也會增強。

無論其他人如何評價我們的能力，自己要有不容許懷疑自己有做好事情的能力，也不能對自己能否成為渴望成為的那種人心存懷疑。盡可能增強自己的信心，而運用自我暗示，能使我們成功做到這一點。要不斷暗示自己一定會成功，會獲得發展。光是這種積極進取的聲明，就足以抵得住絕大多數困難。

不可自輕自賤，也不能把自己視為一個軟弱無能、不健康的人，要訓練自己樹立期待成就偉業的思想。在行為舉止中，不可表現出認為自己一生不會有什麼作為的樣子。如果我們躬行踐履並堅持這種積極、建設、豐富的思想，那麼，有朝一日，這種心態將會使我們獲得成功，並會創造出我們所希冀的東西來。

思想就是力量，正是透過這種思想的力量，我們塑造了自己，也塑造了環境。這些細小的力量正不斷的雕刻、塑造人的品格，不斷的塑造人生。

伏爾泰說：「人類最寶貴的財富是希望，希望減輕了我們的苦惱，為我們在享受當前的樂趣中描繪來日樂趣的圖景。如果人類不幸到目光只限於考慮當前，那麼人就會不再去播種，不再去建築，不再去種植，人對什麼也不準備了；進而在這塵世的享受中，人就會缺少一切。」

我們總是羨慕那些樂觀的人，但要知道，這種人並非是沒曾碰到任何不幸和痛苦的幸運兒，而是雖然也碰到痛苦和不幸，自己卻能夠冷靜的加以思索，找到外在原因，也縝密的檢查本身的弱點，進而使自己更加完善的人。他們在困惑迷惘中，仍然不放棄他們渴求的願望，而把願望當作堅韌的枴杖，依靠它，頑強的向前走，向著希望走，最終脫離痛苦而靠近希望。

03 在人生道路上勇敢的奮鬥

在社會生活中，我們常常是在別人、在社會輿論的讚許聲中獲得前進動力的。在社會心理學上，這就被稱之為「社會讚許動機」。應該認識到，每個人都有他的優點和長處，這些優點和長處，正是個人存在價值的生動體現。

適當的讚美和鼓勵自己的優點和長處，進而肯定自己的價值，也能夠達到社會讚許動機的效果。

凡是勇於挑戰、勇於開拓人生道路的人，總是相信自己的判斷能力，因而充滿自信。自信是建立在對自己與求是的分析和估價的基礎上的。自信的人敢於進取，敢於有所作為；而缺乏自信，則會一事無成。現在，你就可以著手制訂一份消除沮喪病毒，拋開自卑情緒的「行動表」。具體可參考以下建議：

一、逐步減少人為安排的沮喪時間

要學會以自我玩笑的形式給自己定出嚴格的「沮喪時間表」。例如：每天午後十二點半是「自我沮喪」時間，對今天遇到的難題和困難而沮喪。這樣以理智的態度把一天裡該沮喪的情緒都推遲到下一個指定的「沮喪時間」。很快你就會發現，沮喪不過是無益的浪費時間。

或者在遇到不開心的事情時，你可以滑稽的口吻對朋友或熟人說：「嗨！我今天好沮喪，真是不開心透了。」而朋友看你若無其事的樣子，一定以為你是在開玩笑。你在朋友樂觀的情緒感染下，也會把說出的話當作滑稽的玩笑一笑置之。

二、時刻表現出自豪感

如果你是個自卑感強的人，不妨在任何時候都表現出自豪感來，讓自己的興奮機能起作用。要是你因為自卑而抬不起頭，彎腰駝背的話，那麼，不妨想像有根繩子拎著你的兩個耳朵向上拉，讓你自卑變形的心靈恢復本來的面目。你昂首挺胸的姿態將告訴別人：我從頭到腳都充滿自信心！

04 運用自我暗示，助自己鼓起勇氣

如果不斷的去肯定自己極有能力、極具力量、極富才幹和功效——這些思想和理想能塑造強者，那麼，我們的精神動力就會得到驚人的發展。在這種情況下，較之總是想著那些不愉快經歷的情況，我們肯定能更好的利用和發揮我們的腦力。

一定要對自己說：「我太偉大了，不可能和那些極端墮落、卑鄙無恥的小人們狼狽為奸、沆瀣一氣。無論他人怎麼待我，我都要活得像個成功的人。生命實在太豐富了，我沒有必要去讓那些無關緊要的小事攪亂我平靜的心態，或破壞我的功效。我必須極其誠實正直的向世人展示我生來就被賦予的品格，展示我與眾不同的素質，展示我的真正本質。因為其他人拒絕展示他們真正的自我，或不願轉向他們真正的自我，因而他們將自己的時間耗費在那些損害他們的才幹和破壞他們的功效的事情上了。因此，我要努力去展示真正的自我。」

如果我們的心緒不佳和混亂，如果感到煩躁不安，如果與每個人都不和，如果一些小事情就使我們氣惱不已，那麼，我們就應該多想一想那些美好的、和諧的事

情，多想一想那些令人高興的事情。一定要下定決心，即無論發生什麼事，自己都會保持歡愉和平靜的心情，都不會讓那些雞毛蒜皮的小事來愚弄自己，都會努力使自己的心理保持和諧與協調。

換句話說，要決心做一個超然於生活瑣事之外的人。要不斷的對自己說：「對一個偉大的強者來說，對一個生來就有主宰世界力量的人來說，被一些瑣碎、愚蠢和不足掛齒的小事弄得如此難過，弄得六神無主、方寸全亂是一件多麼荒唐的事啊！」要決心使自己以平靜的、泰然自若的、自尊的心情回到自己的工作崗位，要決心使自己有始有終的完成自己的工作。如果可能的話，不妨在戶外深呼吸幾口新鮮空氣，我們會精神抖擻的、像個新人般重新回到工作崗位。

也將會發現，花一點時間使自己保持協調將會有多麼豐厚的回報。無論我們什麼時候失去協調，都要終止手中的工作，都要堅決拒絕做任何其他的事情，直到我們找回了失去的自我，重新坐回自己心靈王國的寶座為止。

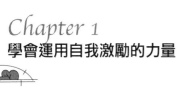

如果想充分的施展自己的才華，我們就應該使一切事情恢復正常，就應該嚴厲對待自己或嚴格要求自己，就應該好好的和自己談談。

一旦開始從事一件事情時，就不妨對自己說：「現在，我做這件事是最恰當不過了。我必定會取得成功。在這件事情上，無論是表現出我的勇氣，或者是表現出我的懦弱，我都沒有任何退路。」

養成自我激勵的習慣，要不斷的對自己說一些催人奮發、鼓舞人心的，使人勇敢、堅毅起來的詞句或者話語，諸如：「給予我必須面對的勇氣吧！」你就會驚異的發現，這種自我暗示多麼迅速的就使我們重新鼓起了勇氣，重新振作起來了。

05 將信心運用到實際行動

《聖經》中說過：「只要在精神上相信，所有相信的都是可能的。」沒有自信便不可能有成功！只有首先對自己充滿十足的信心，才可以身披戰衣，馳騁人生。自信，乃一個人成功的入場券！

實際上，自信不過是一種感覺，如果你用肯定的態度去對待，久而久之它就會變成一種實在的行動。而其他人的意見或者自己的懷疑，則經常會讓你對自己的能力產生懷疑。最好的辦法就是，不管別人怎麼說，自己盡可能的去嘗試。嘗試越多，便對自己的局限瞭解得越清楚，自己的選擇就會更加貼近實際。自己能做什麼不能做什麼逐漸分曉，自信心自然會增加。

可是現實中，有許多人總覺得自己其貌不揚，或者在公司裡地位低下、人微言輕，又或者覺得自己口才不好、人緣較差，或因身體某一部位的先天缺陷，進而懷疑自己成功的可能性。其實，這都是由於人的自信心不足在作祟。這種自信心不足，極大限制了人們有可能取得的成功。

十個指頭還有長短，人怎麼會全都一模一樣呢？正是因為人個體之間的差異，才被分派到不同的崗位上接受不同的挑戰。所以，要想取得成功，千萬不要用薪資的多少或職位的高低來否定自己的價值，更不必為了自己的學歷而看低了自己。

自信心的缺乏，一般都是因為曾經遭受過失敗和自尊心在作祟。與自尊心相似，失敗也是自信的殺手，謀殺自信於無形。感情失敗固然令很多人手足無措，事情的挫折或失敗，也常常會對自我能力產生不應有的懷疑。失敗後的人總是會想：是不是我技不如人？是不是我學藝不精？是不是我不通人情？是不是我其貌不揚？

美國成功學大師拿破崙・希爾指出：「將信心運用到實際行動就是積極心態，就能獲得應得的財富。」以下這些步驟將有助於激勵自我，進而培養你的信心：

✓先建立一個明確的目標，並且朝著目標前進。在生活中，要確定你要的是什麼，並且努力去得到它。但應確定你所希望的目標是值得你努力，而且你可能達成的目標。別小看自己的能力，但也別定出一個遙不可及的目標。

✓早晚祈禱你所訂目標的實現，以堅定你對目標的信念。想想看，當你達到目標後的歡愉感覺。當達到一個目標之後，再設定一個新目標。但勿因達到目標，就感到自滿。

✓盡可能的將基本行為動機和你的明確目標聯繫起來。不妨給你自己下一道強制性的命令，去做你想要做的事，並盡可能的每天在腦海裡回想一次這道命令。

✓寫下你的明確目標會為你帶來的種種好處，並時時在腦海中想著這些好處。這可使你藉著自我啟發的力量，創造出成功意識。而成功意識可在事情進行得不太順利時，堅定你達到目標的決心。

如果你被一件難以達成的事情困住時，則可以想一想，一旦你得到解脫之後，想要做些什麼事，並且對這一期待報以微笑。

✓和那些支持你和你的明確目標的人交往，並接受他們的鼓勵。這些人可能是你的同事、朋友或家人。

✓選擇一位富裕、自力更生和成功的人作為「楷模」，並時時想到，你不但要迎頭趕上，而且還要超越他。別告訴他人你所選擇的楷模，因為選擇楷模的目的不在於進行公開的競爭，而在於藉著比自己強的人，來確立你要走的方向。

✓在你的四周放置書籍、圖片、座右銘等，能強化成就和自力更生意義的東西，並且隨時變更放置位置。這些可使人警惕反省的東西，能幫助你有機會從不同的角度觀看這些東西，並和其他不同的東西發生聯繫。

✓別因為遇到了反對意見就想要逃避，而是應該運用你所有的資源就地和反對者戰鬥。但這並不是說要對那些向你說「不」的人揮動拳頭，而是說不要接受那些反對意見，而要盡一切努力改變反對者的心意，或者你應該反躬自省，看看你有什麼做得不對的地方，並加以改進。有的時候，逆境反而是一種檢驗的機會，它可提供使自己更進步的方法。

記住，你之所以成為一個獨立的人，並且處於現在的處境，乃因為你的心中堅持著某種觀念和想法。如果你遲遲不肯運用這些觀念思想的話，那就等於給自己帶來更多的限制和挫折。

關上通往恐懼的門之後，你會很快的看到通往信心的大門。增加和運用信心是一段費時而且需要奉獻的歷程，你在這方面的努力是無止境的，因為你所能運用的力量是無限的，因努力而獲得的回報也是無盡的。

06 透過自我激勵，建立堅定信念

美國第四十任總統雷根說：「一個人若抱著無比的信念，就可以締造一個美好的未來。」以下是心理學家總結出來、透過自我激勵建立克服一切障礙的堅定信念的幾點建議：

一、告訴自己：一定要實現目標

大多數人即使確立了目標，由於並不堅信自己能夠實現，所以也就缺乏達成的自信心。英國哲學家羅素說過：「一般人，往往認定自己辦不成，凡事均不抱太大希望。」反過來說，因為不寄予希望，所以嘴上經常掛著這麼一句「我做不到」，而死了心。不管做什麼工作，始終認真如一、朝向目標奮勇邁進的人，總是佔少數。大多數人往往只求投入一半心力，並不積極的全力投入。

想要擁有自信──「這才是我唯一的工作」，這種全神貫注的信念是非常重要的，抱著半途而廢的心理，絕不可能產生自信，也絕對不會取得傑出的成就。

為了做到這一點，不妨試試花一天的時間全力沉浸在工作中。西方有句言語：

「唯有貫注於自己的工作才會產生希望。」希望和自信原屬同一根源。只要將自己沉浸在工作中，一天也好，你的心底便會油然而生「只要切實去做，同樣也做得到」的自信。僅僅一天而已，乍聽之下好像沒什麼意義，然而這卻是一個增強信念的人生轉折點。

二、要有最好的準備

英國的孟帝．赫爾說：「事實上我是一舉成功的，但我花了二十年的時間才得『一舉』的機會。」帶來成功和堅定信念的重要泉源之一，即為凡事做好萬全準備的預先工作。

比方說，在你向人推銷商品、構想時，保有自信的最好方法，就是事先準備好，無論在任何場合見面，都可提供對方特別的東西，以及提供讓對方接受的方法。再者，為了不使對方感覺浪費時間，採取什麼樣的話題、方式，以適當表達出重點，也必須在事前做深刻的瞭解。

三、重心放在你最大的長處上

有大成就的人知道把精力放在自己最擅長的地方。贏家像河流一樣，他們找到一條道路，便循著這條道路前進。站在大河邊，想想看河流的力量有多大？它能發電，灌溉田地，產生很大的財富。為什麼？因為它集中它所有的運動在一個方向。

當你集中精神在你能表現最好的事情上時，你會覺得自信心增強。運動評論家一致認為，拳王阿里之所以能屢次擊敗他的對手，主要是因為，他認為自己是最偉大的鬥士，以致對手也認為他是最偉大的。

大多數人都應該樹立這樣的觀念，那就是：我們每個人都可以把大多數的事做好。林肯可以成為一個一流律師，但他選擇做政治家。他認為他能在歷史上寫下新的一章，因此，他決心以畢生的精力來完成這個使命。所以，贏家是知所選擇的，而且堅信自己選擇的正確性，並不斷的為之付出努力。

四、從你的錯誤和失敗中吸取教訓

英國的索冉指出：「失敗不該成為頹喪、失志的原因，應該成為新鮮的刺激。」唯一避免犯錯的方法，就是什麼事都不做。有些錯誤確實會造成嚴重的影響，然而，「失敗為成功之母」，沒有失敗，沒有挫折，就無法成就偉大的事業。聰明的人會從失敗中學到教訓，失敗者是一再失敗，卻不能從其中獲得任何經驗。

「我在這裡已做了三十年，我比你提拔的許多人多了二十年的經驗。」一位員工抱怨他沒有升級。老闆說：「不對，你只有一年的經驗，你從自己的錯誤中，沒學到任何教訓，你仍在犯你第一年剛做時的錯誤。」

錯誤很可能致命。錯誤會造成嚴重的結果，往往不在錯誤本身，而在於犯錯人的態度。能從失敗中獲得教訓的人，就能建立更強的自信心。

五、放棄逃避的念頭

一位哲人說：「在你停止嘗試的當下，那就是你完全失敗的時候。」欠缺自信的人，將終日和恐怖結伴為鄰。而越是被恐怖的烏雲所籠罩，自我肯定的機會也就越是渺茫。此時，如果我們將「恐怖」置之不顧，而任其生長的話，恐怖的陰影就會越長越大；你越是想逃避，它越是如影隨形。

有這樣一句至理名言：「現實中的恐怖，遠比不上想像中的恐怖那麼可怕。」大多數人在碰到棘手的事物時，大都只會考慮到事物本身的困難程度，如此自然也就產生了恐怖感。但是一旦實際著手時，往往就會發現，事情其實比想像中要容易且順利多了。所以，分析恐怖，就是克服恐怖的第一步。

下面的幾個問題請向自己發問，並切實回答：

✓我所害怕的到底是什麼東西？

✓實際上它又如何呢？

✓我所害怕的東西真正存在嗎？

✓抑或只不過是想像而已？

✓難道我的內心理所當然應該充滿恐怖嗎？

其實，你所恐懼擔心的事物一旦面對現實時，你的心裡往往會有「最糟糕，大不了如何如何……」的萬全準備，這種「大不了」的心理，正是你可以克服恐怖習慣的最佳證明。所以，這些造成你不安的恐怖事物，說穿了並沒有什麼，若將其真面目分析得仔細一點，你會發現，你所畏懼的「幽靈」，原來不過是一株枯萎的樹影罷了。你會為自己深深陷入的恐怖感到好笑。

所以，不論你怎麼看它，只要勇敢面對，不但可以從此消除恐怖的陰影，並且能夠不斷走向勝利。要想衝破生活中的各種阻力，必須樹立堅定的信念，透過自我激勵建立克服一切障礙的堅定信念。

07 依靠信仰戰勝生活中的艱難時刻

我們都曾經歷過信仰受到生活挑戰的考驗的時刻。有時候，我們除了信仰就無所依靠。心理學家福克斯曾與一位朋友在電話裡交談，她正承受著一場醫學上的挑戰。她必須進行一項手術，而這項手術相當危險。

在她的病情確診以後沒幾天，她又承受了另一次打擊。她十歲的兒子被診斷出患有一種會危及生命的永久性心臟病！她對自己的擔憂和恐懼很快消散了，她只擔心她的兒子！

她打電話來問福克斯：「為什麼這些事情都落到我頭上？」

福克斯對她說，生活並不公平，就其本質而言，生活是艱難的。無論你有多少錢，有多大影響力，有多大權勢，當問題是某種你無法控制的事情的時候，生活就會變得極為艱難。在這樣的時候，你需要信仰。而且你必須把自己交付給信仰。

福克斯作了一個比喻：

信仰就像上到一艘船上，而且無論怎樣都必須待在船上。假如船遭遇風浪，你必須待在船上；假如船觸礁了，你必須待在船上；如果船翻了，你必須待在船上。即使船沉沒了……你還必須待在船上！為什麼？因為你會看到，即使船裡貯滿了水，在風暴裡，你還是會得到支撐。

生活中有艱難時刻，暴風雨也會到來，但如果你能等待，並且擁有信仰，你就會得到支撐。

生活有時會使你迷失方向，把你擊倒在地。但是你必須擁有信仰，以便承受住打擊，以便使自己知道未來不會和過去一樣，還有更偉大的事在等著你，而你必須用信仰戰勝那些挑戰性的時刻。即使你被打倒了，你也要用背著地，因為如果你能向上看，你就能再站起來！

約翰．凱利博士是馬里蘭州廟山市錫安山大教堂的牧師，該教堂是美國第一大、世界第二大基督教教堂。要吸引如此龐大的教眾，並且向他們布道要面臨許多挑戰，而他的布道說明了《聖經》上有許多成功的祕訣和線索，只要我們願意勤奮尋找就能得到，理解這一點是非常必要的。

他談到了這個事實：當你在生活中前進去尋找上帝賜予你的事物的時候，將會遇到問題和挑戰。你需要偉大的信仰，來迎接這些挑戰。在《聖經》中，我們到處可見這句話——「一定到來」。許多人認為這句話只意味著事情已經發生或者將要發生。它的確有這層意思，但這並不是它的全部含義！當生活中發生了具挑戰性、困難的事情的時候，我們必須用信仰來理解這句話的另一層意思；一定到來者就一定會過去，到來的就不會停留。

每個人的生活都會面臨考驗自己的信仰和決心的挑戰。然而，當挑戰到來後，它們不會停留，它們必須過去。如果一個人有信仰，就會看到自己會因此而成長——也正是這種成長把成功者與平庸之輩區分開來。

我們都會面臨挑戰、經歷困難，但要記住：所有的苦難，既然會到來，就一定會過去，不會停留！只要有了堅定而樂觀的信念，我們就能從逆境中生存下來。

08 用強烈的信念去支撐你的行動

你若是想在人生中達到一定的成就，最有效的辦法便是將本身的信念提升到強烈的程度，因為只有達到這種強烈的程度才會促使你拿出行動，積極的去設法達成目標。

「信念」就是對於某一件事有把握的一種感覺！「信念」的最初形式只是一個念頭罷了！然而，你要怎麼樣才能把念頭轉化為信念呢？

心理學家提出一個比喻：假設你把信念想像成是一個沒有桌腳的桌面，當一個桌子沒有了桌腳，就不足以稱之為桌子。同樣的，信念若沒有足夠的依據去支撐，就不足以稱之為信念，而只能算是個念頭而已。

如果你自認為長得吸引人，請問你何以敢如此有自信？難道你是有什麼樣的「依據」支持你這麼說嗎？若是有，這就構成你信念的支撐，使你有把握敢於這麼說。

只要有了足夠的支撐——足夠的依據或參考——沒有什麼信念是不能被建立起來的。有些心理學家把信念依程度不同分成三個等級：就是游移的信念、肯定的信念以及強烈的信念。

第一級游移的信念乃是指信念十分不穩定，即使相信也往往只是暫時性的，很容易便會被推翻。在桌子的比喻裡，這種信念所構成的桌腳不甚牢靠，常常是搖搖晃晃的。

第二級肯定的信念，在那張桌子的比喻裡乃是有更大範圍的支撐，特別是對既有的依據有較高程度的相信，因為相信使抱持肯定信念的人更有把握。這些依據可以是由各個方面得來的，近可取自親身經驗，遠可取諸於其他各種來源。即使只是個人憑空想像出來的也行。

具有這樣信念的人，因為對所相信的一切都很有把握，所以不太能夠接受新的依據或其他不同的說法。可是你若能贏得他的信任，就有可能改變他排斥新依據的可能，使其接受不同的說法。一開始他會對所相信的依據產生些許動搖，當疑惑越來越大時，就會鬆動舊有的信念，而在心裡就能挪出接納新依據的空間了。

第三級強烈的信念乃是信念的極致，其表現為對一個念頭抱著近乎至死方休的強烈程度。

當一個人擁有這樣的信念時，不僅堅信而不動搖，假使有人對其懷疑，甚至還會惹得他因而動怒。這種人對於所持的信念不容別人有一絲的懷疑，百分之百的排斥新的依據，其強烈程度到了幾乎冥頑不靈的地步。

比如說：歷代的宗教狂熱分子就只相信他們所信仰的神才是世上唯一的真神，若有人敢懷疑，他們不惜犧牲生命也要維護這個信念。這類的狂熱信念往往使狂熱分子自封為救世主，在神聖的名義下行其殘害他人的意圖。當然，強烈的信念並不只限於狂熱分子才有，任何一個對於某種思想、信仰、主義願意奉獻犧牲的人也都具有這樣的信念。

一個人不滿公共教育的現狀，那必然有他的看法，可是那人若自願投入推動掃除文盲的計劃，那就非得有強烈的信念不可；一個人成天在想若是有一天能擁有一個冰上曲棍球隊該多好，這可能是個游移的信念，可是他若千方百計的組建了一個球隊，沒有強烈的信念是不可能成功的。

肯定的信念跟強烈的信念的不同之處，在於是否有行動的意願。事實上，一個有強烈信念的人對於所相信的事物必然很執著。為了達成這個信念，他們不怕被人三番兩次的拒絕，也不怕被人譏笑是個傻瓜。

造成肯定的信念和強烈的信念最大的不同，或許在於後者相信的程度通常較強烈。那是因為強烈的信念在腦海裡不停自我肯定的結果，這種信念最後很可能就是這個人活著時的唯一目的。保持強烈信念的人最令人擔心的，就是他根本不相信這個信念會有錯誤的可能，因此死抱不放，結果很可能導致自己一敗塗地。可見，有時候肯定的信念或許比強烈的信念要妥當得多。

不過強烈的信念也有它正面的一面，就因為它確實能夠激勵人心，所以會促使我們拿出實際行動。因為信念是一種動力，而強烈的信念更是最有價值的動力，能讓一個人持久不懈的努力，以完成跟大眾或個人有關的目標、計劃、心願或理想。

肯定的信念固然在某些時候能發揮一定程度的作用，可是有些事還是需要像達到強烈信念那樣的程度才能成功。

就拿減重塑身這件事來說，唯有強烈的信念才能迫使人下定決心，只選擇對身體健康的食物，讓生活不再是一種痛苦，進而避開糖尿病、心臟病、高血壓等慢性疾病的侵襲。

當你強烈相信自己是個有能力掌握人生的聰明人時，這個信念就可幫助你度過人生中各種艱苦的時光。那麼，如何才能建立一個強烈的信念呢？下面的建議值得你去嘗試：

一、你得先有一個起碼的信念，並不斷強化這個信念，以強化這個信念

在此，讓我們假設你打算從此不再吃肉，要想強化這個決心你不妨去請教一些吃素的朋友，問問他們是什麼原因促使他們改變成這樣的飲食習慣？這對他的健康及生活方面會造成何種影響？

除此之外你還得去找資料，瞭解動物性蛋白質與植物性蛋白質對人體有什麼樣的影響。

二、給自己找一個印象深刻的例子或是自創一個

讓自己充分明白若不這麼做，可能得付上何等代價，並且不斷質疑自己不這麼做的理由，以迫使這個信念達到深信不疑的地步。

比如說你決心抗拒毒品，要想建立這樣的信念，最好的辦法，就是給自己一個對吸毒有強烈痛苦感受的經驗，你可以去看這類的影片，甚至更好的做法是親自去見識一下受毒品折磨的人；如果你想戒菸，不妨去拜訪醫院的加護病房，觀察一下罹患肺癌而掛著氧氣罩躺在病床上的病人，或者看一看老菸槍胸部的X光片。諸如上述的經驗，相信一定能使你建立真正強烈的信念。

三、付諸行動

因為每一次的行動必定會強化這個信念，使你有更強的決心堅持這個信念。若是想在人生中有一番成就，最有效的辦法便是把信念提升到強烈的地步。因為只有達到這種程度，才會促使你拿出實際的行動，掃除一切橫在前面的障礙。

Chapter 2 以積極的態度去應對煩惱

培根說：「幸運並非沒有恐懼和煩惱；厄運也絕非沒有安慰和希望。」正是這些無處不在的煩惱，才顯出幸福的可貴。正是這些心靈煩惱的出現，才使我們堅定改變慘淡命運的決心，去尋找人生的成功，體驗成功帶來的快樂。

人生既然有煩惱，那麼，我們就要有敢於承擔煩惱的勇氣和智慧，這樣，才能享受到人生的快樂。

01 如何擺脫困境

不管在生活中還是工作中，都難免遇到挫折和困難，這時我們一方面要積極尋求擺脫困境的辦法；另一方面，還要堅信「沒有涉不過的水，沒有翻不過的山」；終有日出雲開時候，很快就會迎來燦爛的曙光。

生活中的挫折和困難是五花八門的，沒有一種魔法能夠應付所有的困難。但是，瞭解以下幾點小建議是有益的。

一、不迴避問題

那種把被子拉起來捣住自己的頭、希望困難自己溜走的做法是不足取的。一旦你自己承認，有什麼問題迫在眉睫，你就能動員你內在巨大的防禦力量。所以，應該睜大眼睛直視困難，衡量困難的大小，對它進行分析。那時，你就會覺得，困難並不如它外表看起來那樣可怕。

二、正視自己

人們常常由於自身的問題而陷於困境。戴爾·卡內基曾遇到一些人到他那裡去訴說他們在公務或者經濟上遇到的苦惱。經過詳細的討論，結果，卡內基發現，他們是由於道德上的過失而深感內疚，從而使他們的判斷力受到削弱，因而錯誤的判斷形勢。不錯，他們是處於困境，但是他們必須先認識並且對付他們本身的問題，然後才能夠對付困難。

三、採取某種行動

行動是自信心的偉大締造者。缺少行動不僅是畏懼的結果，也是畏懼的原因。採取行動也許你能獲得成功，也許結果不盡如人意，但是它總比坐以待斃好得多。

四、不要害怕尋求協助

有人認為遇到困難是丟臉的事，想千方百計的加以掩蓋。有人則說：「這是我個人的問題，應當由我自己處理。」這兩種態度都是錯誤的。事實上，沒有任何人是真正靠自己就能解決一切問題的，誰都需要幫助，在我們生活的每一天中，都需要別人的幫助。而且，幾乎在困難的所有領域內，都有能夠幫助你的專家——包括醫生、律師、顧問等等。你的問題如果是一個相當普遍的問題，那麼很可能曾經經歷過這種困難的人已經組成了一個團體。比如說，有過酗酒問題的人、家裡有發展遲緩孩子的人，這些人已經面對困難，並且都堅持挺過來了，他們已做好準備去幫助別人面對同樣的困難。

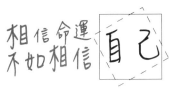

一個普通的人雖然不是專家，往往也能給你幫助。只要他同情的聆聽你的傾訴，或者給你以鼓勵。一位美國作家在遭受一連串嚴重的個人打擊之後，認為自己再也不能寫作了。他把這一切都告訴了他的一個朋友，並且加上一句：「別對我說那些陳腔濫調或者什麼勸告，我作為一個作家已經徹底完蛋了。」

「那好，」那個朋友說：「我不給你什麼勸告，但是我要給你說說我曾經讀過的關於詩的定義，詩歌是密爾頓成為盲人之後所見到的。」

那個朋友所說的不過如此，但是這個作家卻回到了他的打字機旁。今天，他已經是舉世聞名了。

五、不要對困難一見鍾情

困難經常向我們顯示出一種令人感傷的價值，它能對懦弱的自我起一種撫慰的作用，它也能變成失敗和缺點的擋箭牌和託詞。你曾經注意過嗎？有多少人「欣賞」

自己不良的健康狀況而安之若素；並把這種狀況作為一個不健康的軸心，讓自己的整個生活都圍繞著它運轉。

威廉・詹姆斯曾說過：「天才的實質，就在於知道該忽視哪些東西。」為什麼不把這條規律應用來對待你的困難呢？忽視那些雞毛蒜皮的問題吧！當大的困難準備向你告辭時，你就敞開大門讓它們出去！那些偉人承認，人生是充滿痛楚、憂傷和苦難的，但是他們卻勇往直前，歡呼雀躍，因為他們擁有神聖的信念，過人的精神力量能使他們戰勝憂傷。

02 用積極的心情取代「壞」心情

有「渾身是膽」之稱的巴頓將軍是第二次世界大戰時的名將。有人問他，他在開戰之前是否曾感到恐懼，他說：「有。我常在重要會戰，甚至在交戰中產生恐懼。」但是，他又說：「我絕不向恐懼屈服。」

假若你在從事重大工作之前，經歷到恐懼及焦慮的失敗心理時，不能把它當作是你必定會失敗的「象徵」。這要看你對它的反應，以及對它採用何種態度而定。假若你服從它並且任它擺佈，那你很可能有不好的表現。

怎樣才能避免這種不幸的事情發生呢？

首先，對失敗感覺的瞭解，以及對恐懼、焦慮、缺乏自信等的瞭解是很重要的。它們不是「命運」的安排。它們是由你心中萌生出來的，只不過代表你心中的態度而已，並不是代表你遭遇的實際狀況。它們表示你低估了自己的能力，高估並誇大你面臨的困難。你所喚起的，不是過去成功的記憶，而是失敗的記憶。它們既不代表任何事實，更與未來真正發生的事無關，而只是你對未來事情的精神態度。知道了這個情況，你就可以毫無顧慮的接受或拒絕這種消極的失敗心情。服從它、受它指揮，或是不管它而勇往直前，完全由你的態度決定，甚至你還可以利用它來幫助你。

假若以積極進取的態度來對付消極心情，它們就會變成一種挑戰，自動引起我們內心自發的力量和能力。心情是不能用意志來控制的，它不可能隨我們的意志像水龍頭一樣的開閉自如。若不能以命令控制它時，我們可以用計謀來支配它；若不能用直接動作控制它時，可以間接的加以控制。

「壞」心情不能用有意的行為或意志力驅走，但是卻可以用另一種心情來替代；用正面攻擊無法將消極的心情趕走時，可以用積極心情取而代之，以達到驅逐它的目的。

記住，心情是隨著想像而變的，它與我們神經系統接受的所謂「真實」或「環境的真相」是互相吻合的，而且相等。當我們發現自己心情不好時，就不該再集中精神去想它，甚至竭力去驅走它；相反的，我們應該集中精神去構想一個積極的想像——使我們腦海中充滿安全、積極進取的想像及記憶。

一旦我們這樣做時，消極的心情就會自討沒趣而煙消雲散。我們就會生出與新想像的事物相稱的心情了。

心理學家梅茲．錢培爾博士在他的《如何控制擔心》一書中這樣寫道：「因為我們時時練習擔心，甚至成為習慣，於是我們都成為好擔心的人。我們有沉溺於過去消極想像中和預期將來的消極事物的習慣。」憂慮產生了緊張，憂慮者於是以「想法」來中止憂慮，結果變成了惡性循環。「想法」只有助長緊張，而緊張又能產生「使人擔心的氣氛」。因此他說：「治療憂慮的唯一方法，便是遇到擔心的想像，便習慣性的以愉快的想像取代之。每次你為了一件事情擔心時，便應該把它看作是『信號』，而馬上用過去或將來可能發生的愉快想像來填滿腦海，代替消極的憂慮。不久之後，它便會不攻自破，因為它已成為反擔心練習的刺激劑了。」

錢培爾博士還說：「憂慮者應試做的工作，並不是要制服憂慮的原因，而是要培養改變精神方面的習慣。」不要將腦子定在消極失敗的心理上，懷有「希望別出事」這一類態度。

每當發覺有消極心情時，就要立刻努力迫使自己去想些適當的積極的事情。這樣一來，消極心情就不攻自破，因為它變成一種觸發積極心情的「信號燈」了。

03 努力扮演一個快樂的角色

扮演一個角色，會幫助人們體驗到他所希望體驗到的情緒——在情況捉摸不定時，要更加自信；在事情搞糟了的時候，要更加快樂。

有個人叫弗雷德，他患了憂鬱症。可是有一天，弗雷德要和他的夥伴開一個重要的會議，所以他決定扮一副假面孔前往。開會期間，他微笑著並開別人的玩笑，扮演一個快樂的角色——一個心情好的人。出乎意料，他竟真的不再感到憂鬱了。

幾十年來，心理學家和精神病專家們都認為，病人除非情緒有了變化，一般都不能改變習性。

在進行治療的時候，病人先要弄清他的情緒究竟是怎麼來的——是過去的什麼事情觸發的。例如，是羞於談情還是勇於求愛，還是對愛情有點兒擔心害怕。那麼，治療者與患者都要去置換那種情緒，用來置換的情緒要能夠使病人的行為發生變化。

這種治療對嚴重的心理病人是一種基本方法。但對普通人來說，每天都會有令人激動的事情，姿態與情緒之間的聯繫可透過其他各種方式起作用。如果改變某些行為方式，那也可改變我們的情緒。

在舊金山的加利福尼亞醫科大學裡，心理學家保羅·埃克曼與他的兩位同事和幾位志願者，願意裝出六種面部表情，各表示一種特別的情緒：驚訝、嫌惡、悲哀、憤怒、恐懼和快樂。

令人奇怪的是，當表演者顯出恐懼的表情時，其他五個人就好像是真的恐懼了：心跳加速，體溫下降。同樣，在模擬憤怒時，其他幾位心跳加速，體溫上升；在表演嫌惡時，其他人又心跳放慢，體溫下降……

我們有許多人在不知不覺的應用這一原理。孩子哭了，我們常哄著說：「笑一笑。」當孩子出奇的笑了，自己也就高興起來了。那麼，在日常生活中，我們該怎樣運用這個原理改變自己的生活呢？如下建議可供參考：

一、自娛自笑，自得其樂

心理學家埃克曼警告說，微笑——突然的、短促的、皮笑肉不笑——並不會播散或造成愉快的感情。所以，要笑就得真實，切不可敷衍。先開始做柔和的微笑，然後慢慢擴展為歡笑，再咧嘴而笑，接著開懷大笑。要是你想不到什麼好笑的事，那就找個藉口吧！

大聲朗誦也很有益。要帶表情讀——找點東西讀出情感，除了悲傷的。例如，馬克．吐溫小說中的一段滑稽的話，狄更斯的一節挖苦話，都行。一項研究顯示，一些患憂鬱症者藉由有表情的大聲朗誦，他們的情緒都得到相當大的改善。

二、舒體寬懷，消怒去怯

有一種基本的人體放鬆技巧，就是先繃緊雙手的肌肉，然後緩緩放鬆。接著繃緊肩膀肌肉，再放鬆。最後同樣運用於脖子、面部等，依此類推，全身直至腳趾、頭都做過。或者到一個可以散心的場合，如去海灘或公園的安靜地方畫圖寫生。這種放鬆術能夠使你的心跳、呼吸頻率、氧氣消耗和血液中膽固醇濃度很快下降，有一種人們認為會放鬆心情的物質就起作用了。

消除憂慮最好的一個辦法就是，做做如字謎之類的遊戲，或者看看滑稽電影——要確能引起捧腹大笑的。這不僅有助於消遣排憂，同時，你自娛自樂會使你的情緒好轉。

三、重己所長，信心倍增

在謀求職業、要求加薪或在公開演講之前，應注意服裝、風度與儀容。研究資料顯示，儀態優雅會使人樂於接受你表達的信息——不過，更為重要的是，這有助於你增強自信心。心理學家喬治．溫伯格說：「要慣於更新對前途的觀念，要是你消沉頹廢或猶豫不決，那就可能出現最壞的情況。」

所以，要扮一扮你所想要表現的角色，可以在鏡子或朋友面前試演。要是你沒有把握試演，那就模仿別人，模仿你認為最善於表達你想表達的事件的人。

四、泰山壓頂，處之泰然

假如你丟了什麼重要文件，或在家中因意外突然襲擊而慘遭災禍。你要保持冷靜，表現沉著。要使你的行動舉止穩重、堅定，不得輕舉妄動，語調要平穩，說話要乾脆，從容不迫。恐慌是有感染性的，所以，平靜也是有感染力的。

有一個夏天，瓊斯駕駛一艘三十三英呎長的單桅帆船，做了一次兩週的航行。一陣暴風雨降臨了，他緊張極了，向三位朋友大聲吆喝命令，結果大家都嚇得發抖。其中有一個朋友曾當過海軍，他冷靜的建議瓊斯採用另一種更好的方法，結果他們乘風破浪頂過暴風雨。

當瓊斯在一、兩天後又遇到一次更大的風暴時，他發出的命令堅定沉著，控制住了語調，他覺得非常鎮定自若。第一次風暴是一次徹底的危機，而這一次看來倒好像是做一次冒險的遊戲。

利用姿態和行動舉止來改變情緒的方式，是一種頗能見效的手段，可用來幫助我們泰然度過生活中的艱難時刻。正如小說家埃利奧特在一個多世紀前就寫過的：「人的行動決定著情感，而情感又決定著人的行動。」那些記得住這些話、並能據此行動的人們，會因此而體驗到充實和愉快。

04 快速消除煩惱和不安的技巧

一位美國心理學家指出：「煩惱和不安是應該盡快消除，也是可以盡快消除的。」為了盡快消除煩惱和不安，有以下幾點建議：

一、憂鬱的時候，不妨劇烈的運動

任何人都會碰到工作不順利或生活不理想的時候，也會顯得心情急躁或者悶悶不樂。但如果讓這種心情任意發展下去，那麼，煩躁的程度一定越來越嚴重，最後也就喪失鬥志。如果不設法調整情緒，將來也無法專心做事，而最簡便的方法，莫過於採取激烈運動的方式，讓身體活動開來，這時候，緊張或不安造成的心理壓力，就會轉化為身體的精力宣洩出去。

由此可見，焦灼不安的時候，不要一直想著令人沮喪的事。而且，不管採取用什麼方法，只要能愉快的坐在辦公桌前，工作效率一定可以提高。

從表面上看來，這種做法似乎很單純，但如能身體力行，即可以體會到其中的效果。研究顯示，很少有運動員會陷入煩躁與不安的情緒裡，這完全要歸功於他們習慣於將人際關係、工作或功課上的緊張轉化為身體的能量。由此看來，我們應當充分學習並把握這種調節身心平衡的方法。

二、自言自語擺脫煩惱

因為某種原因而遭遇失敗，變得心灰意冷，這是人之常情。同樣，人們會因為碰到一次失敗，就以為到處走不通，而陷入無路可走的心理狀態裡。這是由於失敗的體驗跟挫折感息息相關，而挫折感極容易引起人類的感情反應和各種退化現象。所謂退化現象，就是指一個人的行為反應跟年齡相反，退化到小孩子的模樣，這時候，由於他對環境缺乏適應性，因此，對一切狀況都不能做出適當的判斷。

若要使自己免於陷入退化現象裡，可以嘗試這樣一種訣竅，那就是碰到失敗的時候，不妨告訴自己：「此處不留人，自有留人處。」「這樣做不成，可以那樣做。」等，只要一想到天無絕人之路，就會心安理得。

三、用過去取得的成績鼓勵自己

如果某種工作進展非常緩慢，就叫做低潮現象。這時候不能喪失信心，更不能把為了飛躍而積蓄下來的精力用到無益的地方。

在低潮現象裡，一個人所以會失去信心的最大因素，主要是對自己的現狀或未來滿懷憂慮，甚至對整個過去的生長狀況也疑惑叢生。這時候，他對目前的處境就會感到惶恐，由於內心產生了不安，當然就把眼前所取得的成績看成不可靠的東西。

要避免這種狀態，必須要用冷靜的態度去評價過去的成就，說得更具體些，就是將自己目前所完成的工作以及足以顯示過去成績的東西放在眼前。不妨將自己曾經考來的高分、獲得的各種獎狀、獎品，參加過的重要活動的紀念品等擺在桌子上。只要目睹這些真實的成績，必能恢復內心的喜悅和自信。

四、讓節奏快的音樂給自己輕鬆和自信

在運動場上，如能踏著雄壯的進行曲走路，體內立刻湧起十足的幹勁，鬥志也會油然而生，這種經驗恐怕每個人都有過。從古至今，凡是送士兵上場的軍歌，全都雄壯有力，節拍緊湊。

由此可見，節拍快的音樂的確含有振奮精神與信心的作用。這就好比處在打鼓的場面裡，或處在心情開朗活潑的心理狀態裡，心臟、血管和內分泌等活動立刻為之一振，自然的也會配合著身體的動作，形成表裡一致的現象。反過來想，倘若情

緒不好，只要一聽到雄壯的音樂，必會振奮心情，顯得幹勁十足。有人說：「音樂能使人陷入感情。」事實上，音樂尤其能激發一個人的情緒，而情緒對人的身體可以給予直接的刺激。

五、閱讀幽默小說或漫畫，趕走消沉

英國有一位名叫霍布斯的學者說過，笑就是勝利的表現。的確，運動場上的勝利者常常面帶笑容，這就是因為他這時陶醉在優越感裡。當我們觀賞滑稽故事或相聲時，也都會被引得哈哈大笑起來，這種心理是：「如果是我，才不幹那種傻事呢！」或：「我才不會這麼窩囊呢！」很顯然，這也是優越感在作祟。

我們如能積極利用這種笑的效果，則可醫治因失敗而產生的悲觀以及心理的緊張，甚至可將絕望感丟得無影無蹤。怪不得有許多人在鬱鬱不樂時，就會跑到遊樂場所去調劑一下情緒。同樣，如果在憂鬱的時候，讀一讀漫畫或幽默小說，心情也立刻會開朗起來。

如果不管想盡什麼辦法，都不易把憂鬱症消除殆盡，在這種情況下，最有效的辦法莫過於先創造一個令人發笑的環境。

05 戰勝生活中的痛苦和不幸

羅伊．加恩在《神奇的情感力量》一書中寫道：「幾乎所有的人都會在生活中遇到或大成小的『不幸』。然而更不幸的是，很少有人知道該怎樣做才能幫助我們度過這些個人生活中的不幸遭遇。」

一些人不知道克服痛苦需要時間，時間的長短決定於所受損失的具體情況。愛人因病而慢慢死去或婚姻逐漸惡化，這些所引起的悲痛都是在預料中的。遭此不幸者的悲痛歷程，在愛人實際離去以前很久便開始了，而愛人離去後情緒的騷亂卻只有幾個星期或幾個月。

如果死亡突然降臨，或者人們被迫面對一些不可預料的悲劇，諸如可怕的車禍之類，那麼，悲痛會持續一年或更長的時間。需要清楚的是：悲痛不是一種心理疾病，只有很少的時候才是這樣。失眠、焦慮、恐懼、憤怒，身心被自我和悲哀的思想所佔據，這些都會使你有「近於瘋狂」的感覺。實際上，其中的每一種情緒都是悲痛過程中很正常的一部分，懂得這一點是很重要的。

在悲痛的最初階段，人們常常徘徊於鎮靜或哀傷之間。人們不相信所發生的事情並感到迷惑。漸漸的，抑鬱、悲痛佔據了心胸，而這將影響一個人今後幾個月的生活。一切都會成為悲劇的提醒物。喪失了配偶的人，會注意每一對手牽著手的夫婦。幸福的人彷彿到處都是，被孤立的感覺更加強烈了。假如妳不幸流產了，那麼街上的每個小孩都像是在和妳說話。

悲傷的人們考慮自己超過考慮任何別的事情。他們會躲避一些熟悉的朋友和地方，直到隨著時間的流逝，他們對那些痛苦的提醒物變得不再那麼敏感。

人們需要以各自不同的方式度過不幸時期。羅伊．加恩提出的下面幾點建議可供我們借鑒：

一、從事一些能夠排解悲痛的活動

對大多數人來說，與自己的知心朋友談話是排解和醫治悲痛行之有效的方法。事實證明，自我封閉只會加劇你的痛苦。友情可以醫治心靈創傷，信仰和信念也是使你擺脫哀傷的一種強大力量。

先前喜愛的工作或別的活動，也會幫助你戰勝痛苦，而工作有著巨大的治療價值。明確自己對他人應承擔的義務，你便會發現自己內在的力量，因而增強信心和勇氣。切記，不可過分憐惜自己，不可讓哀傷一直瀰漫你的心胸。這樣，你的生活就會漸漸抹去悲哀的淚影，一切都會明朗、正常起來。

二、強迫自己有規律的做些事

如果你一定要留在家裡，那麼就為自己列個時間表，按時間表有規律的生活，儘管開始時你只能做些小事情。如洗洗衣服、買點水果，或進行一次長途散步。

在心情抑鬱時進行體力活動是困難的，但這對你心靈恢復到愉悅狀態卻是非常有益的。甚至你也可以在玩紙牌、音樂會、電影或一本有趣的書中找到慰藉。你應該逼迫自己做些事，直到正常的生活秩序重新建立起來。

在不幸時期，一些自我照顧行為同樣是很有幫助的。臨睡前洗個熱水澡；把餐桌布置得漂亮些，即使一個人吃飯時也這樣；天氣好時在外邊曬曬太陽；買一束鮮花，等等。這些小事都會使你覺得輕鬆愉快些。

三、把目光放在未來

有些時候，能夠使我們生活下去的只是這樣一種知識，即人類能夠將一些有害或醜陋的東西轉化為一種積極而有價值的東西。

納粹集中營囚犯，維克多．福蘭克的經歷是十分令人激動和鼓舞的，福蘭克全家都在一次大屠殺中被殺害了，然而，他仍然找到了支撐自己活下去的力量。當納粹暴行施加到他身上時，福蘭克堅定的抱著一個理想，這理想給了他力量。他想像自己在戰後站在一個班級學生的面前，正在給學生們講述關於在不幸中能夠發現的意義。福蘭克決定忍受令人恐怖的一切，而這些將來會變成很有價值的東西。引用了一位哲學家的話，福蘭克自豪的宣告：「那沒能毀滅我的使我變得更堅強。」

羅伯特．哈羅德．卡什諾在他的暢銷書《當不幸降臨到善良的人們》一書中告誡我們：「我們不應該總是把眼光落在過去和痛苦上。不應該總是自問：『為什麼不幸偏偏降到我頭上？』代替這話的應是面向未來的問題——既然這一切已經發生，我應該做些什麼？」

06 調整心態，應對煩惱

積極的調整自己的心態，是戰勝煩惱，獲得快樂和保持泰然的有效手段。兩次奧斯卡最佳女演員獎獲得者珍．芳達總結了幾點調整心態的祕訣：

一、對一些事情不必過於在意

芭芭拉．埃倫雷奇說：「並非所有事都值得全心全意去做，實際上，對一些事情不必過於在意，隨便就好。」明白了這句話，我們的心中便會頓時輕鬆。現在只要錢夠花，你便不必拚命去賺；廚房的烤箱，隨便擦一擦也就可以了；草坪不用天天剪，地下室不用天天打掃。一想到自己不用再當一個完美主義者，你的渾身就會有說不出的輕鬆和快樂。對小事情，不用那麼在意。

二、好好去做蘋果餡餅

馬莉蓮．梅森說：「蘋果樹上只能長出大蘋果。」

自己想想，你可能會發現，自己過去總是想讓別人按自己的意志去行事。蘋果樹上只能長出蘋果，長不出大串香蕉來。整天板著臉的人，不可能對你笑嘻嘻；喜歡挑剔細節的老闆，不可能心胸開闊。所以，你要學會提醒自己，既然面對一堆蘋果，就好好去做蘋果餡餅，別老想著做南瓜湯。

三、假裝成局外人

希羅．塔納卡說：「最要緊的是明白自己仍有選擇。」

瑪麗當了三十年的麵包坊老闆之後，把麵包坊賣了，現在天天抱怨自己沒事做；賴莎對自己的婚姻極不滿意，可是又說離不開丈夫，因為她自己沒錢。其實，許多人都有這樣那樣的煩惱，但局外人卻可以想出許多辦法幫助她們走出心理不正確的想法。你不妨跳出自我的圈子，假裝自己是一個局外人，為自己的煩惱羅列出多種選擇，然後挑一種最佳的辦法，幫助自己解除煩惱。

四、有時得不到是更好的結局

艾爾文．克里斯托爾說：「挫折是令人不愉快的，但生活中最大的不幸始於得到了自己想得到的東西。」

每當你無法獲得提拔，或者他人令你不能遂願，或者自己買不起喜歡的東西時，都不妨想想這句話。你可以提醒自己，也許升職並非好事。就像著名作家當了雜誌總編輯後一事無成。對這個作家來說，他得把所有的時間用於應付人事關係問題，研究預算，以及其他管理事務，而這一切，這個作家肯定曾避之唯恐不及。

五、向異性朋友傾吐

美國心理學家林蘭博士曾對一千名志願接受研究者調查，結果發現，所有的人都可以從異性朋友（不一定是戀愛對象）的互吐衷腸中，獲得解除內心抑鬱的功效。這一發現引起了有關專家的濃厚興趣。

在現實生活中，每個人都會有情緒低落的時候。人們常因年齡、職業、戀愛、婚姻、家庭等許多因素影響，產生各式各樣的矛盾，引起心理上的緊張、焦慮以及憂鬱等，心理學稱之為「間歇性精神抑鬱症」。

醫學研究顯示，精神抑鬱等不良的心理狀態能使身體的免疫功能降低，可導致某些疾病的發生。所以，林蘭博士介紹了這樣一個良方：當心情不愉快時，去尋找一位異性朋友，向他傾吐心事。

對於女性來說，男子是最出色的聽眾，一個擁有男朋友（不一定是戀愛對象）

的女性，往往會將自己的一切問題毫無保留的向他提出，以求得解決辦法。這是因為男朋友會對她的困難和感受，顯示出更大的同情和更深切的理解，但在同性之間，她們就不易獲得這種反應。

當你憂慮之時，不妨參考以上五點調整自己的心態。這樣做，會比藉由娛樂、飲酒、安眠藥來消除憂鬱好得多。

07 減少生活中的挫折感

你是不是常常這樣想：「事事總是不如我願。」「我一定無法準時做好的。」「我老是把事情弄得一團糟。」……要是你的思想灰暗悲觀，你的一生也注定會是如此。因為你那些消極洩氣的話，根本不能給你什麼支持鼓勵，只會打擊你的自信心。

要想心情好，做事順利，減少生活中的挫折感，凡事就得要往好的方面想。下面是一些可行的方法：

一、客觀的分析憂慮和害怕的事

蘇珊第一次去見她的心理醫生，一開口就說：「醫生，我想你是幫不了我的，我實在是個很糟糕的人，老是把工作搞得一塌糊塗，遲早會被開除的。就在昨天，老闆跟我說我要調職了，他說是升職。要是我的工作表現真的好，為什麼要把我調職呢？」

慢慢的，在那些洩氣話背後，蘇珊說出了她的真實情況。原來她在兩年前拿了個工商管理碩士學位，有一份薪水優渥的工作。這哪能算是一事無成呢？

針對蘇珊的情況，心理醫生要她以後把心裡想到的話記下來，尤其在晚上睡不著覺時想到的話。在他們第二次見面時，蘇珊列下了這樣的話：「我其實並不怎麼出色。我之所以能夠出頭，全是僥倖。」「明天定會大禍臨頭，我從沒主持過會議。」「今天早上老闆滿臉怒容，我做錯了什麼呢？」

她承認說：「單在一天裡，我列下了二十六個消極思想，難怪我經常覺得疲倦，意志消沉。」

蘇珊聽到自己把憂慮和害怕的事唸出來，才發覺到自己為了一些假想的災禍浪費了太多的精力。如果你感到情緒低落，可能是因為你也像蘇珊那樣，老是在給自己灌輸消極的信息。如果是這樣，建議你聽聽自己內心在說的話，把這些話說出來或寫下來。久而久之，你就會發現許多消極的念頭都是多慮，你便能控制自己的思想，而不是被思想套牢了。到了那個時候，你的思想和行動也會改變。

二、剔除自我評價的消極字句

芙蘭在心裡常常對自己說：「我只是個祕書。」馬克則常提醒自己：「我僅僅是個推銷員。」「只是」和「僅僅是」這些字眼不但貶低他們的工作，也貶低了他們自己。

把消極的字眼剔除，你便能找出你給自己帶來的損害。對芙蘭和馬克來說，「只是」和「僅僅是」正是罪魁禍首。一旦這些字眼剔除掉了，變成「我是個推銷員」，或「我是個祕書」，它們的含義就大為不同，而且在後面還可以接上一些積極的話，例如，「我可以做得比別人好。」這樣你對生活就會充滿信心。

三、果斷的打斷消極的想法

只要消極的想法一出現，你就應該用一句「停止」的口令，把它打消。

在理論上，叫停很容易辦得到，但實際上做起來可並不那麼簡單。你必須堅毅不撓，才能奏效。

文森二十多歲，未婚，在一家大公司擔任行政主管，工作勤奮。小時候母親過世，由父親撫養成人。父子倆相處得很融洽，但他父親對他事事呵護備至，給文森填了滿腦子的憂患意識。文森長大後也這樣，以致凡事都要憂慮一番。

他很傾慕同部門的一位女同事，很想約她外出。但他的疑慮使他躊躇不前，「跟同事約會是不大好的」，或「要是她不答應，那教人多麼難為情」。

後來文森遏止了內心的憂慮，向她提出約會，她說：「文森，為什麼你等那麼久才來約我？」

四、不去想令人心煩的事

有個人這樣述說他自己的體驗：「每天晚上，我躺在床上總是睡不著，思潮起伏：『我對孩子是不是太嚴苛？』『客戶打來的電話我回了沒有？』」

「最後，我實在忍受不住了，乾脆不去想令人心煩的事，而是回想和女兒在動物園一起度過的快樂時刻，我記得她對著猩猩大笑的樣子，不久我腦海裡全是些美麗回憶，我也跟著進入夢鄉。」

五、改變自己的思考方向。

你可曾有過這樣的經驗：一天下來，你感到不大開心，但突然有人對你說：「我們出去逛逛吧？」你的心情必定立即豁然開朗起來。

改變思考方向，心境也會輕鬆起來。現在就把自己的思考方向改變一下。你精神緊張是因為有項龐大工作必須在星期五完成，而你打算在星期六和朋友一起去買東西。那麼，你就努力把自己的心情由「星期五的工作」轉為「星期六的尋樂」吧！

你應該多練習這種技巧，把痛苦焦慮的心情轉化為積極解決難題的態度。要是你乘飛機老擔心發生空難，那麼就在飛機起飛或降落時，專心觀察機場附近燈火和道路織成的圖案；在飛行途中，想一些地面上能分散你精神的事情。

改變你的思考方向，你便能學會從不同的角度來看自己和周圍的事物。要是有一件事你認為是做得來的，改變思考方向可增加你的成功機會。

記住：憂慮會使你陷於困境，而處世樂觀會推動你向前。

08 無須因別人的不公正批評而煩惱

「金無足赤，人無完人。」如果只允許沒有過失的人批評自己，那麼你終生都不會聽到對你過失的批評意見了，一輩子也不會得到他人的幫助。

生活中常有這樣的事發生：有的人一聽到別人對他的批評和勸告，就大發雷霆，他們不是去虛心聽取，反省其身，卻反唇相譏：「也不看看你自己是什麼德性，卻來教訓我。」言外之意是對方也有缺點，不配來批評他。當別人批評時，應該感謝他的批評，這才有益於自己改正過失，哪還有心思去計較他人是有過還是無過呢？

只有長期保持高度的樂觀和自信，才能使你不斷的獲得成功。但是在生活、工作、學習以及與他人交往中，總不免被人批評，受人指責。越是有成績、有名望，越容易受到別人的非議。

美國許多成就卓越的著名人物都被人罵過：美國的國父喬治．華盛頓曾經被人罵作「偽君子」、「大騙子」和「只比謀殺犯好一點」。

《獨立宣言》的撰寫人托馬斯．傑弗遜曾被人罵道：「如果他成為總統，那麼我們就會看見我們的妻子和女兒，成為合法賣淫的犧牲者；我們會大受羞辱，受到嚴重的損害；我們的自尊和德行都會消失殆盡，使人神共憤。」

格蘭特將軍在帶領北軍贏得第一場決定性勝利，成為美國人民的偶像之後，卻遭到嫉妒、逮捕、羞辱，被奪去兵權。

威廉·布慈將軍被人誣告他侵佔了某個女人募捐而來救濟窮人的八百萬元捐款。這些人非但沒有被批評、辱罵所嚇倒，反而更加保持樂觀和自信的態度，做出了影響深遠的成就。

其實，一個人名望或地位越高，罵他的人就越容易從中得到滿足。英國國王愛德華八世（即溫莎公爵）年輕時在一所海軍軍官學校讀書。有一天，一位海軍軍官發現年僅十四歲的溫莎王子在哭，就上前問他什麼事情，他開始不肯說，後來迫不得已才說了真話。他被軍校的學生踢了。

指揮官把所有的學生都召集起來，向他們解釋儘管王子沒有告狀，但他很想知道為什麼這些人要這樣虐待溫莎王子。這些學生推諉拖延了半天之後，終於承認：等他們將來成了皇家海軍的指揮官或艦長的時候，他們希望能夠告訴人家，他們曾經踢過國王的屁股。

因此，無論你是被人踢還是被人惡意批評也好，請記住，他們之所以做這種事情，是因為這件事能使他們有一種自以為重要的感覺，這通常也就意味著你已經有所成就，而且值得別人注意。很多人在罵那些教育程度比他們高的人，或者在各方面比他們成功得多的人的時候，都會有一種滿足的快感。正如哲學家叔本華說過的那樣：「庸俗的人在偉大的錯誤和愚行中，得到最大快感。」

曾任美國華爾街四十號美國國際公司總裁的馬歇爾·布拉肯先生在回憶受批評的經歷時說：「我早年對別人的批評非常敏感。我當時急於讓公司的每個人都覺得我是十分完美的。如果他們有一個人不這樣認為的話，我就感到憂慮，於是我想辦法去取悅他。可是我討好他的結果，又會使另一個人生氣；而等我想滿足這個人的時候，又會使一兩個人生氣。最後我發現，我越想去討好別人，以免他們對我的批評，就越會使我的敵人增加。因此我對自己說：只要你超群出眾，就一定會受到批評，所以還是趁早習慣的好。

這一點對我的幫助很大。從那以後，我就決定只是盡我最大的努力去做，而把我那把破傘收起來，讓批評我的雨水從我身上流下去，而不是滴在我的脖子裡。」

當你成為不公正批評的受害者時，還有一個絕招就是「只是笑一笑」。因為別人罵你的時候，你可以回罵他，可是對那些「只笑一笑」的人，你能說什麼呢？假如結果證明你是對的，那麼即使花十倍的力氣來說你是錯的，又有什麼用呢？記住：不要為批評而難過。

真正聰明的人，往往從積極的方面理解別人的批評，包括那些不公正的責罵。他們會把別人的批評，看作是改進自己工作、完善個性、克制情緒、提高心理承受力以及激發鬥志的機會。我們從美國海軍陸戰隊的史密德里．柏特勒將軍等人的經歷中可以得到啟示。

柏特勒將軍曾告訴別人，他年輕的時候很想成為最受人歡迎的人物，希望每個人都對他有好印象。在那個時候，即使一點小小的批評都會使他難過半天。但在軍隊的三十年使他變得堅強起來。他被別人責罵和羞辱過，什麼難聽的話都經受過：黃狗、毒蛇、臭鼬……後來，他聽到別人在後面講他的壞話時，他甚至連頭都不會轉過去看。這就是他對待謾罵的有力武器。

羅斯福總統的夫人曾向她的姨媽請教對待別人不公正的批評有什麼祕訣。她姨媽說：「不要管別人怎麼說，只要妳自己心裡知道妳是對的就行了。」避免所有批評的唯一方法就是：只管做你心裡認為對的事——因為你反正是會受到批評的。

知道自己在做什麼是很重要的，別人如何看待你的工作、決定、努力、動機或成就，這些都不要緊，因為只有你最清楚自己所作所為的重要性。學會從積極的方面理解別人的批評，不僅有助於處理好你和別人的關係，更有助於你在向理想的自我轉變的過程中更好的把握自己。

09 善言必然導致善行

一個人給予別人的幸福和快樂越多，他自己得到的幸福和快樂也就越多；反之，就越少。如果他待人友善，別人必定會以友善相回報。一個仁慈的人，總是會帶來越來越多的幸福和歡樂。

「良言一句三冬暖。」善言必然導致善行，不僅聽到你說這句話的人會做好事，而且那些受雇於你的人們都會擇善而從，積善行德。這並非偶然的個別現象，而是一種普遍的行為，因為人與人之間這種友誼夥伴關係總在起作用。當然，仁慈、善良的行為，有時並不能使對方從中受到教益和啟發。但只要方式、方法適當，你的仁慈善良之舉一定會使對方深受感動。

詩人羅傑斯過去常常談起一個小女孩的故事。凡是認識這位小女孩的人都很喜歡她，有人問她：「為什麼大家都這樣喜愛妳？」

「我想，是因為我愛每一個人的緣故。」

這個小故事很有啟發意義。一般而言，我們人類到底擁有多少幸福和快樂，這要取決於我們人類到底付出了多少愛，又有多少東西在愛我們。確實，不論我們人類取得了多麼巨大的物質成就，如果這些成就不能有助於人類的仁慈、善良與和平，那麼，這些巨大的成就最終就不會給人類帶來幸福。

在生活中可以見到這樣一種人，他們總是講：「我心中充滿了愛，我對愛篤信不移。」可是當他們問女服務生「哪裡有水？」的時候，態度卻是那樣蠻橫，毫不客氣。這樣的人怎麼會讓別人相信「充滿愛」呢？那麼，到底什麼樣的人才算得上是充滿愛的呢？

一、熱愛自己

事實上，如果你不愛自己，你將永遠不會去愛他人。一個人不可能完美無缺，但這並不等於說他無足輕重。每個人都有一些別人所不具備的東西。

猶太作家愛拉．威索爾曾這樣寫道：當我們告別人世去見上帝時，他不會問：「你為什麼沒有成為救世主？你怎麼沒有發現解決某某難題的辦法？」他將會問：「你為什麼沒成為『你』？」

一天，一位女子說：「現在我知道了，自己為什麼總是悶悶不樂，精神上感到很痛苦，因為我希望每個人都愛我，而這是不可能的。儘管我可以使自己成為世界上最鮮美的李子，但還是難免有對李子過敏的人！」這話講得多麼深刻！接下去她又說：「如果別人想要香蕉，我也可以使自己變成一條香蕉，但我將永遠是個次等品，而事實上，我本來可以成為最出色的李子。如果我耐心的等待，那麼喜歡李子的人就一定會出現。」這是因為，假如你為了滿足別人的需要不做李子，而把自己變成香蕉，那麼，他們又會說，應該把這個香蕉掰成兩半。這時候，你就會進退兩難，不知自己該如何是好了。如果你面對你內心的「自我」，握握手說：「喂！這些年你究竟到哪裡去了？現在我們又來到一起了，讓我們一起向前走吧。」那麼，你將會發現你身上蘊藏的潛能是無限的。

二、把愛獻給他人

有一次，安東尼．羅賓乘飛機時坐在一位大學生旁邊。那位大學生看起來似乎無所不知，可是在他們的交談中，他每句話都帶著「我」。

最後羅賓說：「你知道在這五百英哩的空中旅程中，你講了多少次『我』嗎？為什麼不談談『我們』呢？」

和他形成鮮明對比的，是羅賓在芝加哥機場遇到的一個人。當時，大雪漫天，他們被困在那裡已有兩天了。有的人一天到晚的叫：「我要離開這裡！我要去辛辛那提！」然而，就在這群人中間有一位婦女，她走到每個帶孩子的母親面前說：「來，把孩子交給我吧！我要組個幼兒園，給孩子們講有趣的故事，您可以藉這個機會喝口水、上廁所或是買些東西吃。」

共處一個場合，同被風雪所困，可是人們為什麼會有兩種截然不同的態度呢？答案在於：是否有一個強烈的意識，一個為他人著想，努力使他人生活得更美好的意識。當你這樣做了以後，你將會從中得到一種幸福和快樂。

在開始一天生活的時候應該提醒自己去愛他人，應該努力去發現世間美好的事物。那麼，從外界的反應中，你將發現一個可愛的自我。假如在你即將離開人世的時候，身邊沒有一個人緊緊握著你的手，這說明你在一生中未曾伸出友愛之手去幫助他人。

學生們常來問牧師：「你總是講要為他人做些什麼，這到底是什麼意思？」

有一次，一個叫吉爾的男孩子問牧師：「有什麼可做的呢？」於是牧師把他帶到離南加州大學不遠的一個療養院。面對那些躺在床上、兩眼直視天花板的病人們，吉爾說：「我對老年醫學一無所知，到這裡來做什麼？」

牧師對他講：「別忘記，你看見那邊有位太太嗎？走過去說『妳好嗎』！」

後來，他坐下來和她談了起來。吉爾驚訝的發現，她的學識是那樣的淵博，靈魂是那樣的高尚。她對生活、對愛、對於痛苦和不幸談起來滔滔不絕，她甚至還談到怎樣努力以平靜的心情去迎接死亡的來臨。從此以後，吉爾向那位老太太及療養院的其他人伸出了友愛的手，他們之間不斷發生著感人的事情。一天，牧師看見吉爾帶著三十多個老人從校園裡走過——他們是去看足球賽的。

難道還有什麼比這更令人感動的嗎？

有什麼可做的呢？看看你的周圍吧！在你身旁就有一個孤獨的人需要得到愛的溫暖，還有個態度不好的女售貨員需要引導和鼓勵。這些不都是可以去做的嗎？這些雖然不是驚天動地之舉，可是做與不做大不一樣。

生活本身不是一個目標，而只是你走向某個目標的過程。目標的實現要靠一步一步的走，如果每一步都邁得紮實而有意義，這就意味著生活充實。如果給愛下一個定義的話，唯一能夠概括其全部含義的字就是「生活」。你一旦失去了愛，也就失去了生活。請加倍珍視自己的愛，用行動去表達自己的愛吧！

10 關懷的愛是彼此幸福的手段

覺得自己被人愛的感覺，比其他任何東西都更能提高人的熱情。

在生活中缺乏熱情的主要原因之一，是感到自己不被人愛。一個人感到自己不被人愛，有多種原因。他也許認為自己是個可怕的人，因而沒有一個人會喜歡；他也許從孩提時代起便不得不習慣於得到比其他孩子更少的愛；或者事實上，他就是一個誰也不愛的人。但是在最後這種情況下，其原因很可能在於早期不幸引起的自信心缺乏。

感到自己不被人愛的人，會因此而採取不同的態度。為了贏得別人的喜愛，他也許會不遺餘力，做出種種出人意料的親暱舉動。在這種情況下，他很可能不會成功，因為這種親暱舉動的動機很容易被對方識破，而人類天性卻偏偏容易將愛給予那些對此要求最低的人。因此，那種試圖透過樂善好施的行為追逐愛的人，最終會因人們的忘恩負義而生幻滅之感。他從來沒有想過，他試圖去購買的愛，其價值遠遠大於他給予的物質恩惠。因為實際上兩者的價格是不平等的，他反而以這種錯覺作為自己行動的基礎。

絕大多數的人，不論男女，如果感到自己不被人愛，只會陷入怯懦的失望之中，僅僅在偶然的一絲羨慕和怨恨之中歎吁一番，於是這些人的生活變得極端的自私自利。愛的缺失使他們缺乏一種安全感，而本能的迴避這一感覺，結果造成了他們任憑習慣來左右自己的生活。對於那些使自己成為單調生活奴隸的人來說，他們的行為大多由對冷酷外在世界的恐懼所激起，他們以為，如果他們沿著早已走過的路走下去，就能避免撞上這個世界。

比起那些在生活中總感到不安全的人來，那些帶著安全感面對生活的人要幸福得多。在絕大多數情況下，安全感本身有助於一個人逃脫危險。假設你要走過一塊狹窄的木板，而底下是萬丈深淵，如果你這時害怕了，反而比你不怕時更容易失足。生活之路也是如此。

一個無所畏懼的人，當然也會遭遇到突發的災難，但在經過了一番艱苦的搏鬥之後，他可能會安全無恙、絲毫未損；而另一個人則可能在荊棘之中暗自悲傷。這種有益的自信心具有無數的形式，有的人對高山充滿信心，有的人對大海不屑一顧，也有人在藍天上翱翔自如。然而，對於生活的一般自信，更多的來自人們需要多少愛就接受多少愛的習慣。

是接受的愛，而不是給予的愛，才產生了這一種安全感——雖然它主要來自於相互的愛。嚴格說來，不僅愛，就連敬仰也有同樣的效果。

一些職業本身就能夠保證人們的敬仰，因而從事這一職業的人，如：演員、牧師、演說家和政治家，越來越依賴別人的喝彩。當他們從大眾那兒獲得了他們應得的那份讚譽，他們的生活充滿了熱情；否則，他們便會感到不快，甚至獨處一隅、自我封閉起來。大眾的熱情對於他們來說，猶如不可或缺的精神糧食。

父母喜歡孩子，而孩子則將他們的愛當作自然法則來接受。雖然這種愛對於孩子的幸福至關重要，但他並不看重它。他想像著大千世界，想像著他的成長歷程中的冒險，想著他長大後將碰上的奇遇。

不過，總有這麼一種感覺存在於所有這些對外界關注的背後，這種感覺是：一旦災難臨頭，父母就會盡其愛心來保護他。不管出於何種原因，一個缺乏父母之愛的孩子，很可能膽小怯懦，不愛冒險，他總感到懼怕，不敢再以歡快的心情去探究外面的世界。這樣的孩子可能在令人吃驚的小小年紀裡就開始了對生與死、人類的命運等問題沉思默想。他變得性格內向，鬱鬱寡歡，以至於最後便從一種哲學或神學中尋求虛假的慰藉。

完美的愛給彼此生命的活力。在愛中，每個人都愉快的接受愛，又自然而然的奉獻愛；由於這種相互幸福的存在，每個人便會覺得世界其樂無窮。但在一種並不少見的愛中，一個人汲取著他人的生命之精華，接受別人的奉獻出的愛卻毫無回報。有些生命力極強的人就屬於這一類型。他們從一個又一個犧牲品那兒搾取生命，使自己壯實起來、得意非凡；而那些他們賴以生存的人則日見消瘦、頽廢、意氣沉沉。這類人把別人當作達到自己目的的手段，而從不認為他們是目的本身。在某一時刻，或許他們認為自己是愛那些人的。但從根本上說，他們對那些人毫無興致，而只關心能鼓動其活動的、也許是毫無人格的刺激物。這是由他們本性中的某種缺陷造成的。

彼此真正關懷的愛是真正幸福的最重要因素之一，它不僅是彼此幸福的手段，也是幸福的共同點。一個人，無論他在事業上的成就有多大，如果他把自己封閉在鐵牆之內而無法擴展這種彼此關懷的愛，那麼他便失去了生活的最大快樂。

將愛排斥於自身之外的念頭，一般來說是某種憤怒或對人類仇恨的結果，這種憤怒和仇恨產生的原因，不外乎青少年時代的不幸遭遇，或成年生活中的不公正待遇，或其他任何導致迫害的因素。過分膨脹的自我好比一座監獄，如果你想享受充分的生活樂趣，就必須從中逃脫出去。擁有真正的愛，是逃脫自我樊籬的標誌之一。

僅僅接受別人的愛是不夠的，還應該把這接受到的愛釋放出去，給予別人愛。只有當這二者達到平等時，愛才能發揮它最佳的作用。

Enjoy life...
HAVE A NICE DAY.

相信命運
不如相信自己

Chapter 3 善待人生，讓生活過得更豐富

古羅馬著名的劇作家塞內加說：「人生如同故事。重要的並不在有多長，而是在有多好。」人生充滿了太多的變數與不確定。持有不同態度的人，所獲得的人生也是有很大差異的。

如果說，我們每個人的命運是在某一個遊戲中注定的。我們不能改變遊戲結果的話，至少我們應該熟悉遊戲的規則，讓自己在遊戲中表現得更好一點。為了享受生命的美好過程，學會善待人生，努力去實現自我的價值，讓生命過得充實、愉悅、有意義，這才是我們應該追求的。

01 人生態度是你最重要的資本

不管你現在身處何方，擁有什麼樣的環境和條件，如果想向理想的人生邁進，你所能具有的最重要的資本就是正確的人生態度。

文學作品和歷史中到處可見這樣的人：他們多次遭受障礙；他們比身邊的人更缺乏天才；他們生活在最惡劣的環境中；他們總是面對眾多的失敗……可是，在成功者的名單中，卻能找到他們其中許多人的名字。為什麼？當他們周圍的人失敗的時候；當別人更具有天才的時候；當別人擁有更多機會的時候；當別人具有更多有利的資源的時候，他們是依靠什麼實現夙願的呢？其祕訣就在於：他們具有成功者的態度！

在一場重要的美式足球比賽中，主場球隊被客隊球員帶球達陣，對方一下子就領先了六分，而比賽眼看就要結束了。跑鋒的號碼被觀眾大聲叫喊著。整個下午，他都在球場上拚命來回奔跑著。他的身體各處都被對方的防守隊員撞得生疼。而且，他知道，整個下午，四分衛的壓力一直很大，在對方防衛組的看守下需要傳球的時候，他傳球到位的比例遠遠低於平時的水準。

所以，他就放緩了自己在球場上的奔跑速度。他想偷一會兒懶，目光不由自主的去找球。令他感到吃驚的是，他看到球正朝著自己飛來——傳得正好到位！這位失敗的跑鋒以一個很漂亮的姿勢一躍而起，企圖接住球。但是，他跳得稍低了一點點，球落在了場地外面。觀眾群中傳來了不滿的叫聲。

跑鋒慢慢的站了起來。他不敢承認是自己的失誤沒有接住球，卻一瘸一拐的向邊線走去。只有他自己知道他根本沒有受傷，因為他感覺自己不能從觀眾哪裡贏得崇敬了，所以，他就希望獲得一點同情。他為自己的努力不夠尋找了一個牽強的藉口——「受傷」。就這樣，他把自己劃入了「失敗者」的行列。

美國成功學大師諾曼．文森特．皮爾對於這個故事的評論是：成功者努力實現目標；失敗者尋找藉口！他指出，不同的態度決定了不同的結果。不管你認為自己是否能夠做到，你都總是正確的！

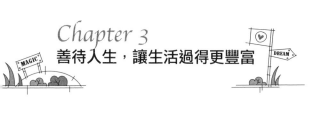

不管你是一個成功者，還是一個失敗者，都和你的環境沒有什麼關係；它只是和你所抱持的態度關係密切！

文森特．皮爾說，在生活中，他聽到的最多的抱怨之一就是：「皮爾博士，我想開創一項事業，或者做些對社會有益的事，但是，我沒有啟動資金！」對此，皮爾先生的回答是：「空空如也的口袋從來沒有阻止誰開創事業……能夠阻止人們走向成功的，只有空空如也的腦袋和心靈！」

我們知道，失敗者抱怨他們的環境；而成功者超越他們的環境。失敗者把他們的目光集中在圍困他們的白牆上；而成功者，總是設法從裡面鑽出去、跳出去、繞出去或者是穿出去。

當有人問他成功的祕訣時，查爾斯．狄更斯說道：「在我的生命中，無論我想做什麼，我都會竭盡全力去做好。」

成功者懂得這樣的真理：困難中隱藏著機會。對成功者來說，一切都是機會。

十八世紀愛爾蘭裔的英國政治家暨作家伯克．愛德蒙說：「生命中的戰鬥就像是爬山。不費力氣就爬上去的山，不會讓你有一種成就感。沒有困難，就沒有成功；沒有奮鬥，也就沒有成就。困難可能會嚇倒那些軟弱的人；但是那些勇敢堅定的人，卻把它當作是有益的激勵。實際上，生活中所有經驗都證明，克服人類前進道路上所遇到的障礙，取決於沉著的良好行為、熱情、活力、毅力，還有最重要的，就是克服困難、勇敢面對災難的堅強決心。」

這就是成功者和失敗者的區別。失敗者總是去做別人要求自己去做的事情，或者更少的事情；但是成功者去做的卻不止這些——而且他們總是滿懷熱情的去做。失敗者總是試圖尋找捷徑；而成功者總是要求自己朝著選定的目標去做，挽起袖子，迎接挑戰。

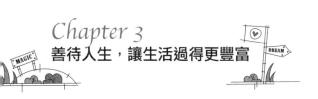

02 建立正確的人生態度

為了獲得理想的人生，就要努力去克服自身的障礙——主要是心理方面的障礙。其中一個有效的辦法，就是在生活中樹立起正確的人生態度。

正確的人生態度包含許多的成分。但是，最重要的是具有自信心。要做到這一點，你必須奉行幾個重要的原則：

一、有勇氣改變自己的命運

「種瓜得瓜，種豆得豆。」我們所得的報酬取決於我們所做的貢獻。你可能會在生活中榮獲讚譽，或者蒙受恥辱。追求卓越的人，一定不會被那些束縛自己的枷鎖所羈絆，他們會千方百計的努力去衝破種種障礙，不斷向自己理想的人生邁進。

喬·索雷蒂諾在洛杉磯市中心的住宅區長大，是一群小流氓的老大，並在少年感化院待過一段時間。但是，他一直記著一位七年級教師對他在學術方面能力的信任。他覺得他成功的唯一希望，就是拋開他那可憐的中學經歷，完成學業。於是，他在二十歲的時候重返夜校，繼續在大學就讀，並在那裡以優異成績畢業。接著，他又修滿了哈佛大學法律系的學分，成了洛杉磯少年法庭一位出色的法官。假如喬．索雷蒂諾沒有勇氣改變自己的命運，那麼，這一切都是不會發生的。

二、發現自身的財富

維克多．弗蘭克曾是個多慮的人。但是，一九三四年的春天，他走過韋布城的西多提街道，有個景象掃除了他所有的憂慮。

事情的發生只有十幾秒鐘，但就在那一剎那，弗蘭克對生命意義的瞭解，比在前十年中所學的還多。那兩年，他在韋布城開了家雜貨店，由於經營不善，不僅花掉所有的積蓄，還負債累累，估計得花七年的時間償還。弗蘭克剛在上星期六結束營業，準備到銀行貸款，好到堪薩斯城覓份工作。他像隻鬥敗的公雞，沒有了信心和鬥志。

突然間，有個人從街的另一頭過來。那人沒有雙腿，坐在一塊安裝著溜冰鞋滑輪的小木板上，兩手各用木棍撐著向前行。他橫過街道，微微提起小木板，準備登上路邊的人行道。就在那幾秒鐘，他們的視線相遇。弗蘭克見他坦然一笑，很有精神的向自己打招呼：「早安，先生。今天天氣真好啊！」

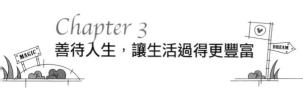

弗蘭克望著他，體會到自己是何等富有：我有雙足，可以行走，為什麼卻如此自憐？這人缺了雙腿仍能快樂自信，我這個四肢健全的人還有什麼不能的？

弗蘭克挺了挺胸膛，本來預備到銀行只借一百美元，現在卻決定借兩百美元；本來說到堪薩斯城想找份工作試試看，現在卻很有信心的宣稱：「我到堪薩斯城去找一份新的工作！」結果，弗蘭克借了錢，找到了工作。

從此，弗蘭克把下面一段話寫在洗手間的鏡面上，每天早上刮鬍子的時候都唸一遍：「我悶悶不樂，因為我少了一雙鞋；直到我在街上，見到有人缺了兩條腿。」

三、發現自己的才能，追求自己的目標

真正成功的人生，不在於成就的大小，而在於你是否努力的去實現自我，喊出屬於自己的聲音，走出屬於自己的道路。為此，在生活中一定要發現自己的才能，追求自己的目標。

然而，大多數人總發現自己在猶豫之中。怎樣做才能不虛度一生？怎樣才能知道自己選擇了合適的職業或恰當的目標呢？與其讓雙親、老師、朋友或經濟學家為我們制訂長遠規劃，還不如自己來瞭解一下自己「擅長」做什麼。只有確定了正確

的人生方向，才不會在漫漫長途中迷失自我。

四、不逃避現實，要適應

成功、思想和身體健康的關鍵是適應性。壓力之下，我們許多人會變得沮喪，失去對生活的嚮往和追求。而沉溺於酗酒、大量吸菸或依賴鎮靜劑，以幫助我們對抗壓力。酒精和其他抗憂鬱藥物，可以暫時減少我們對失敗和痛苦的畏懼心理，但也阻礙了我們去學會承受這些壓力。

適應生活壓力的最好方法之一，就是簡單的把它們作為正常的東西加以接受。生活中的逆境和失敗，如果我們把它們作為正常的經歷來看待，就會幫助我們增強免疫力，更好的去適應生活。

有勇氣改變自己的命運、發現自身的財富、發現自己的才能、追求自己的目標、不逃避現實，只要能做到以上四點，便能建立自己的自信心，在生活中樹立起正確的人生態度。

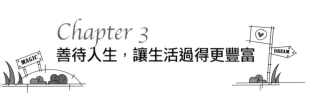

03 做個勇於夢想的人

夢想，促使人生富有價值。它是把人類從卑賤中釋放出來，把人類從平庸中提升出來的一種動力。現在的一切，只是過去各時代的夢想的總和，是過去各時代的夢想實現的結果。

英國十九世紀的著名詩人丁尼生說：「夢想只要能持久，就能成為現實。我們不就是生活在夢想中的嗎？」沒有夢想者，沒有尋夢人，美國也許至今仍是一片未開墾的土地。世界上最有價值、最有用處的人，就是那些善於夢想的人。現實生活中，在各界取得巨大成功的人總是那些夢想者。

約翰．華納馬克原本是費城一家零售店的店員，他也是一個很好的例子。他很早就下定決心，有朝一日要自己開店。他把這個想法告訴老闆，老闆笑他說：「天啊！約翰，你的錢還不夠買一套西裝呢！」

「沒錯！」華納馬克說：「我還是要開一家和你一樣，甚至更大的店。我一定會做到。」在華納馬克事業最頂峰時，他擁有全國規模最大的零售店。

「我沒有讀過什麼書。」幾年以後，華納馬克說：「但是我不斷的充實必需的知識，就像火車頭一樣，一邊走一邊加水。」

記住，一個人只要勇於大膽夢想，並對自己的信念堅定不移，就沒有做不到的事情。研究顯示，擁有最高智商的人，傾向於在夢想方面花費大量的時間——他們想像事情可以成為什麼樣子。世界上真正偉大的發明和歷史的發展都起始於善於夢想者的頭腦。

但是要記住，一個夢，在你努力實現它之前，僅僅是一個夢。著名作家拉爾夫·瓦爾多·愛默生是歷史上最偉大的思想家之一。事實上，很多人認為他是人類史上最偉大的「神祕主義者」。他曾經對一位積極向上的藝術家說：「在藝術方面沒有成功的捷徑，你只能脫下外衣，調好水彩，像一個開掘鐵路隧道的挖掘者一樣整天、堅持經常的工作。」「當我是一個孩子的時候，我媽媽經常告訴我：不管事情怎樣，它都取決於我。」

對於每一個真正的發明來說，最少有一百個類似的發明本來可以被實現的，但是，它們始終沒有被實現。為什麼？有兩個根本的原因：很多有潛力的發明家缺乏夢想的能力；而許多善於夢想的人又不能努力把夢想變成現實。

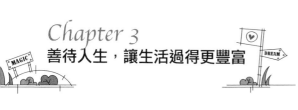

夢想能夠提升我們眼界的高度，給我們希望，激勵我們嘗試各種可能，鼓舞我們比現在做得更好。除非我們懷有更大、更好的夢想，不然我們就會落入美國哲學家亨利·大衛·索羅所描繪的陷阱——「大多人過著一種完全絕望的生活。」

夢想實現的一個重要條件，就是願意為把夢想變成現實付出必要的努力。而積極實踐能夠讓我們的夢想成型，讓我們的希望變成有形資產，讓我們的思想變得有價值，把我們的積極性轉化成行動。只有實際的夢想，加上堅韌的工作，才有用處，才能開花結果。

04 採取行動去實現夢想

一旦你決定了怎樣把握你的生活，那麼你就必須採取積極有效的行動使其實現。要學會鍛鍊自己朝著自己設立的優先目標努力工作。

你的老闆會給你指定你需達到的業績和目標；你的家人也會經常跟你說他們的需要和願望。然而，只有你自己才能決定如何實現你自己的目標。

任何決定只有嚴格執行時才具有價值。基於這一點，大多數目標最終都會被遺忘。問多數人到七月一日他們新年所做的決定堅持下來多少，他們會承認，他們甚至記不起這些具體的決定是什麼了。你不可能花「將來某個時候賺的錢」，你不可能享受到「你想要讀而未讀的書」的樂趣；你也不可能永遠生活在你曾經有過的美好的回憶中。

當然，把握新機會和利用新情況，靈活掌握，適時變通一下你的目標也是很重要的。曾有這樣一個年輕人，他下定決心在奧運會上奪得一枚金牌。幾年裡，每天早晨上學之前，他都要跑上十英里的路程，他讀過各種有關長跑的資料，同時找了最好的教練來指導他訓練。他已經做好了成為一個奧運長跑運動員的充分準備。可惜就在這時，他的大腿在一場車禍中嚴重受傷而截肢，這使他失去了長跑的機會，他成了永遠的身障人士。他深知自己再也不能跑步了，他很傷心。

但是，他卻是一個不同尋常的年輕人。經過幾天失去腿的傷感，他下定決心成為一名教練。現在，他正在訓練三個男孩和兩個女孩。當然，他還是對自己沒能達到自己的目標感到遺憾。但是，他學到了「轉換目標」的奧祕。

專家指出，那些集中精力朝著目標努力的人，與那些一生漫無目的四處徘徊的人比起來，不僅更易於能實現他們生活中各種有價值的目標，而且在面對突發的新情況時，更能輕鬆、靈活的調整自己的目標。他們比那些漫無目標的人過得輕鬆得多。「你對目標的態度，而不是你的智能，決定你成就的高度。」是一句簡明的、經常被提及的諺語。在你努力實現你目標的過程中，沒有什麼能比你對目標表現的態度更重要的了。

05 機遇不可能從天而降

機遇不可能無緣無故的從天而降，機遇也不可能像路標一樣，就在前面靜靜的等著你。機遇具有隱蔽性，它是隱藏著的；機遇具有潛在性，它等待著被開發；機遇具有選擇性，它只垂青那些在追求中、在捕捉中的人。

經常聽到一些人埋怨機會不均，命運不公，總覺得自己碰不到機會。每每看到別人的成功，總是歸結為「運氣好」，實際上，機會對每一個人都是公平的。

一般說來，凡是成大功、立大業的人，往往不是那些幸運之神的寵兒，反而是那些「沒有機會」的苦命孩子。例如：只用一個划水輪，就發明蒸汽船的富爾敦；只有陳舊的藥水瓶與錫鍋，就發現「法拉第定律」的法拉第；還有那使用最簡陋的儀器來從事實驗的貝爾，不也是發明了電話嗎？

在人類歷史中，沒有一件事比人們從困苦中成就功名的故事更為吸引人了——人們怎樣從黑暗的夜晚抵達光明？怎樣脫離痛苦、貧困？他們雖只有中等資質，但由於堅強的意志，不斷的努力終於到達目的地。

「沒有機會」永遠是那些失敗者的遁詞。如果隨便問一個失敗者，他們大多數的人會告訴你：「自己之所以失敗，是因為得不到像別人那樣好的機會——因為沒有人幫助我們，沒有人提拔我們。」他們也會對你說：「好的位置已經額滿了，高等的職位已被霸佔了，所有的好機會都已被他人捷足先登。所以，我們是毫無機會了。」

你或許會認為，機會的出現一定是聲勢浩大的，但實際上，機會往往就在你的日常行事之間。我們對於機會常常眼界太高，慾望太大。我們往往一心要摘取遠處的玫瑰，反而將近在腳下的菊花踏壞了。我們忘了，大事也要從小處著手。

有許多人已經獲得了很好很大的機會，但他們卻還在夢想著更大更好卻又渺茫不可及的機會，而當前的機會他們不認識。假使讓這些怨天尤人的人，與當年身處困境中的林肯換個位置，那他們對於所謂「機會」，究竟將作何感想？假使他們住在曠野中，一處簡陋的木造房子，無窗無門，遠離學校、教堂、鐵路，沒有報紙、書籍、金錢，沒有尋常生活的享受，甚至沒有日常生活上的必需品，他們會作何感想？假使他們必須在荒野中跋涉幾十公里，才能借到幾本書籍，然後在白天辛勤工作後，到了晚上，還要藉著木柴的火焰來閱讀，他們會作何感想？然而，在這種嚴苛的環境下，卻造就了美國最偉大的總統，在這種處處不順遂的環境中，磨練了世界上空前偉大的人格。

在人生的歷程中，我們難免會遇到一些挫折，例如：找工作時一直碰壁、與人相處不洽等等。關鍵在於我們應如何從挫折中掙脫出來？下次該採取什麼行動，才能比別人更早達到目標？只是坐在椅子上一味煩惱的人，是不會有任何改變的。過去的就讓它過去，重要的是，我們要如何做，才能使自己「明天會更好」？

在太陽之下的每個人，只要能抓得住當前的機會，努力奮鬥，都有獲得成功的可能。但你該牢記，你的機遇將由你自己決定。若以為機遇是在別處或在別人身上時，那你是注定要失敗的。

誰說「沒有機會」？一個在木造屋子與草舍茅廬中長大的孩子，日後可以住進白宮裡；在一個陋巷中出身的孩子，可以成為立法者；最貧苦的孩子，可以變成商界鉅子、甚至變成大銀行家……你還要再說沒機會嗎？

亞歷山大在攻克了敵人的一座城市之後，有人問他：「假使有機會，你想不想攻佔第二個城市？」

「什麼？」他怒吼出來：「我不需要機會！我可以創造機會！」

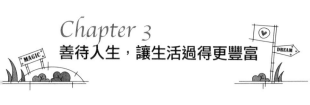

你是被動、消極的等待機遇，還是主動的去追求？等待機遇不像是等公車，時間到車就來。是不是碰上了機遇，是不是捉住了機遇，是不是失落了機遇，是不是再也沒有機遇，這些都是一種現象。問題在於你是否認真的準備著、刻意的追求著。有的人機遇就特別多，為什麼呢？從他們的經驗中我們不難看出，他們都有自己的一套接近機遇、創造機會的方法：

一、機會來臨時，快刀斬亂麻

有道是：「機不可失，時不再來。」有些人，由於平時沒有養成主動接受挑戰的精神，當機會忽然來臨時，反而心生猶豫，不知該不該接受。於是，在患得患失之際，機會擦肩而過，悔之晚矣。

因此，在平時就應養成主動接受挑戰的精神。在良好的機遇面前，一定要當仁不讓，果斷出擊。

二、表現出自己的才能，別人才會幫你抓住機會

什麼是機會？有一種說法是，機會就是替自己的才華安裝聚光燈。這說明，要抓住機會，僅僅有才能還不夠，還需要把才華顯示出來，讓身邊的人尤其是上司知道。這樣，別人才會為你提供更多的機會。

三、不冒點風險，出人頭地的機會便會大大減少

俗話說：「不入虎穴，焉得虎子。」要抓住機會，就要有冒險精神。因為機會往往伴隨著風險。要想抓住機會而又不敢冒一點風險，就會喪失許多可能導致人生重大轉折的機會，使自己的一生平淡無奇。

因此，在精力旺盛的年齡，最好勇敢的去多方嘗試，為自己的人生增添一點傳奇色彩。當然，勇於冒險的人不會個個成功，但成功者之中，很多是因為他們勇於冒險。

四、朋友多機會也多

善於掌握時機，還要多為自己創造機會。那些走運的人不僅會掌握時機，同時還廣交朋友，積極為自己創造機會。主動結交朋友，多和陌生人交談，參加各種聚會，多與人打招呼，創造自己的人脈網絡。這樣，你的人脈網越大，你發現某種機遇的可能性就會越多。

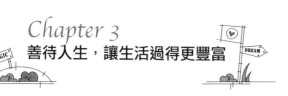

五、善於急流勇退

人生總會有逆境。走運的人，他們的竅門就是在運氣變壞之前就把它拋棄了；而那些不走運的人，則總是等到運氣變壞或者更壞時才開始撤退。

任何嚴重的虧本總有一個開始的時期，這時候，你放棄它，就會使你少受損失或不受損失。但那個時期也許會很快的消逝。當關鍵的時期已經過去，機會已經溜走時，悔之晚矣。

等待機會從天而降，如果成為一種習慣的話，將是一件危險的事。工作的熱忱與精力，就會在這種等待中消磨殆盡。對於那些不肯工作而只會等待機會的人，機會是可望而不可及的。只有那些勤奮工作的人，不肯輕易放過機會的人，才能看得見機會，也才能抓得住機會。

06 實現理想應具備的素質

人生自有一套遊戲規則，熟悉規則的玩家當然比不懂規則的人佔優勢。成功的人多半實至名歸；而失敗者往往也是由自己一手造成的。相信運氣遠不如相信你自己。如果一個年輕人相信運氣會從天而降，他就會不斷的拒絕各種機會，因為那些機會都不夠好，他所要的是一步登天，他不屑從基層起步。我們可以想像，不久人們便懶得給他任何機會了，而他一生很可能就這樣虛耗。一味相信運氣，使這個年輕人喪失許多機會。

真正想成功的人，會把運氣撇在一邊，抓住機會，不放過任何讓他成功的可能。他不會等待運氣護送他走向成功，而是會努力去攫取更多成功的機會。他可能會因為經驗不足、判斷失誤而犯錯，但是只要肯從錯誤中學習，等他逐漸成熟後，就會成功。真正想獲得理想人生的人，不會只是坐下來怨天尤人，埋怨運氣不佳。他會檢討自己，再接再厲。從商和從政的人往往奇招百出，讓人目不暇接，然而他們私底下費了多少工夫，一般人並不瞭解。一項新產品的問世，事前需要經過極周密的市場調查，它的成功絕非偶然；一個政治人物的政見訴求，也是長時間明查暗訪後，才歸納出民意來。靈感不是突如其來的，而是無數愚者用盡心思而迸出的火花。

事實上，人生存在世上，那是天定；好好的利用自己的生活，使它朝著自己的計劃和目標奮進，這樣就成了人生。為了真正獲得理想的人生，一定不可缺少以下三方面的素質：

一、想像力

偉大的人生從憧憬開始，那就是自己要做什麼或要成為什麼的憧憬。南丁格爾的夢想是要做護士；愛迪生的理想是做發明家。這些人都為自己想像出明確的前途，把它作為目標，勇往前進。

你心目中要是存在著這樣的遠景，就會勇猛奮進。如果自己心裡認定會失敗，就永遠不會成功。你自信能夠成功，成功的可能性就大為增加。沒有自信，沒有目標，你就會俯仰由人，一事無成。

二、常識

圓鑿而方柄是絕對行不通的。事實上，許多人東試西試，最後才找到自己真正的方向。美國畫家惠斯勒最初想作軍人，後來因為他化學不及格，從軍官學校退學。他說：「如果矽是一種氣體，我應該已經是少將了。」司各特原想作詩人，但他的詩比不上拜倫，於是，他就改寫小說。

在生活中要認真檢討自己，在想像你的目標時多用點心思，不要妄想。

三、勇氣

一個人有自信心，就會有勇氣。

音樂家華格納遭受同時代人的批評攻擊，但他對自己的作品有信心，終於戰勝世人；黃熱病流傳許多世紀，死的人無法計算，但是一小隊醫藥人員相信可以征服它，在古巴埋頭研究，終告勝利。

想像力、常識、勇氣，即使是稍微運用，便會產生很可觀的結果。如果一個人一心想發財，他可能會遭受無情痛擊；如果他一心想享樂，他可能會自討苦吃。但是如果他所想的是有所建樹，他就可以利用人生的一切機遇。

愛默生說：「只有膚淺的人相信運氣。堅強的人相信凡事有果必有因，一切事物皆有規則。」要怎麼收穫先怎麼栽，這比坐待好運從天而降可靠多了。

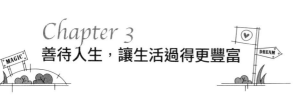

07 要用腦袋生活

沒有人是一夜之間就改變的。他們都是從小處著手，從最容易改變的地方著手，一點點、一步步的改變，然後才變得比你更強。

生命是可愛的，活著本身就是件舒服的事。為了活著，你每天去賺錢餬口；為了活得更好，你就得開發潛能。將潛能發揮到極致，人生就能達到高超的境界。也就是說：「要用腦袋生活。」

人體的五種感覺是打開潛能寶庫的鑰匙，磨練視覺、聽覺、味覺、嗅覺、觸覺，使它們更加敏感，你會發現，身邊最普遍的事物，也散發出另外一種過去忽略了的生活品質。能夠每天感受到新的刺激、新的激勵，你的生活就會在富有創意中度過。這樣，不管社會的生存競爭多麼複雜多變，你的個性足以應付每一個小小危機，根本不再有畏懼。當你連畏懼的根也從個性中拔去時，你已經可以從人群中脫穎而出了。你會發現，創造屬於自己的自我人生是一切歡樂的源泉。

要改善生活，就得改善生活方式，這就要求你首先就得改善思維方式。思維方式的改善可以獲得突破性進展。

要改善生活，應從小地方開始改變。比如說：你決定要早起，可是第二天卻懶得起來，真是沒辦法。但是你應該首先明瞭並提醒自己不早起的可能後果：因為無法完成早起的決心，一連串不愉快的事發生了，你匆忙穿衣、梳洗、吃飯、上班。慌亂的繃緊神經，失去對別人的耐心和敏感，整天都會遭受挫折，真是糟透了。一天天這樣過下去，你就會迅速落伍。

遺憾的是，一些理所當然的事，我們自以為擁有對它的經驗，所以根本不去思考。如果真的思考一番，我們會發現許多事並不是理所當然的，所以，應該首先改變它們。很多人總是要看見別人改變，以更強的個性站到面前時，才猛然警覺，自己原來是可以這樣改變的。更有甚者，對別人的改變私下嗤之以鼻，指責別人不過是「笨鳥先飛」而已。的確，如果真是「笨鳥先飛」，你後「飛」也可能追得上。但是，如果聰明的「鳥」「先飛」呢？結果是你永遠也追不上。

生活中有許多「先飛者」其實是聰明的「鳥」，單從他們懂得「先飛」，即可顯示他們的聰明，而許多看似聰明的「鳥」恰恰是真正的「笨鳥」。

如果你想使生活朝著更加理想化的方向發展，就要從小處著手，從小事做起，利用好生命中的每一刻。

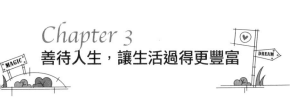

08 珍惜今天的時光

培根說：「真正的敏捷是一件很有價值的事。因為時間是衡量事業的標準，一如金錢是衡量貨物的標準。所以，在做事不敏捷的時候，那事業的代價一定是很昂貴的。」

資訊時代，而資訊離開了「快」，其價值就不免七折八扣，甚至等於零。市場上，一個資訊獲得的早晚，可能使一些企業財運亨通或倒閉破產。科學技術上一個新發現或發明公佈的先後，可能影響到專利權的歸屬。

美國最暢銷的三本書中，有一本為《一分鐘經理》。這個「一分鐘經理」有兩個奧祕，第一個是「一分鐘批評」，第二個是「一分鐘表揚」。何謂「一分鐘批評？」如果職員做錯了事，經理在核對事實後，馬上找職員談話，準確指出該職員的錯誤所在，與他一起感受犯錯的滋味，並期待他不再犯同樣的錯誤，整個過程只有一分鐘。所謂「一分鐘表揚」，也大致如此，職員做對了，經理馬上會表揚，精確的指出做對了什麼，和職員一起享受成功的喜悅，然後予以鼓勵，一共花一分鐘時間。

也許是「時間即金錢」的緣故，部下的錯誤與成績，對企業的作用與時間的投入成正比。所以，經理對部下的批評和表揚也非講「時效」不可。

當然，不同的社會、不同的民族，有不同的習慣和性格。但是，生活節奏畢竟是一個社會發展效率的剪影，也是一個人能否取得成就和成就大小的重要因素。

一些時間研究專家常作這樣的假設：「如果我現在知道，六個月後我會突然失去學習和工作的能力，在這之前我該以怎樣的速度工作？」或者：「每天生活，都當自己第二天就要死亡那樣安排。」

美國著名身障女學者海倫．凱勒，自幼因猩紅熱失明與失聰。她在一篇《假如給我三天光明》一文中，指出人們認為來日方長的時候，就不珍惜今天的光陰，而常常飽食終日，無所事事，由於失去了時間的壓力，做什麼都慢吞吞，心靈麻木了、呆滯了。為了向生活中的這種庸碌之輩敲響警鐘，作者機智的設問：「假如你只有三天的光明，你將如何使用你的眼睛？」用這樣的問題啟發人們去思考，呼喚人們加快工作的節奏，把活著的每天都看作是生命的最後一天，以便充分顯示生命的價值。

被譽為「最偉大推銷員」的奧格．曼狄諾寫道：

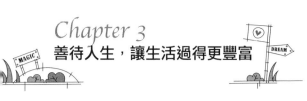

「今天是我生命中的最後一天。生命只有一次，而人生也不過是時間的累積。我若讓今天的時光白白流逝，就等於毀掉人生最後一頁。因此，我珍惜今天的一分一秒，因為它們將一去不復返。我無法把今天存入銀行，明天再來取用。時間像風一樣不可捕捉。每一分一秒，我要用雙手捧住，用愛心撫摸，因為它們如此寶貴。垂死的人用畢生的錢財都無法換得一口生氣。我無法計算時間的價值，它們是無價之寶！」

「今天是我生命中的最後一天。我憎恨那些浪費時間的行為，我要摧毀拖延的習性。我要以真誠埋葬懷疑，用信心驅趕恐懼。我不聽閒話，不游手好閒，不與不務正業的人來往。我終於醒悟到，若是懶惰，無異於從我所愛之人手中竊取食物和衣裳。我不是賊，我有愛心，今天是我最後的機會，我要證明我的愛心和偉大。」

生活好比一部交響樂曲，有快慢、強弱、弛張等交替出現的旋律。它在一定程度上反應了人們的生活方式和精神面貌。有的人無論做什麼，都是手腳俐落，效率極高；有的人則慢慢吞吞，磨磨蹭蹭，效率很差。顯然，兩種人最終會獲得不同的人生。

09 充分利用每一個今天

昨天是一張作廢的本票，明天是尚未兌現的支票。只有今天是現金，有流通的價值。在生活中，有過許許多多這樣的日子：我們常常為昨天的失落，念念不忘，耿耿於懷；又常常為明天的美麗，躊躇滿志，熱血沸騰，鬥志昂揚。然而，或許有些人覺察不到，就在這埋怨與幻想當中，就在這追悔與興奮當中，我們失去了最寶貴也最容易失去的今天。昨天是失去的今天，明天是未來的今天。只有今天，才是我們真實的擁有。各行各業無數成功人士的實例證明，只有把握好今天，才能走出昨天，開創明天。

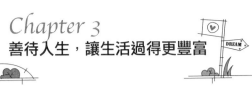

《阿甘正傳》這部榮獲過一九九五年第六十七屆奧斯卡最佳影片、最佳男主角、最佳導演、最佳劇本改編、最佳剪輯、最佳視覺效果等六項大獎的電影，向我們講述的就是主人公阿甘只把握今天，進而創造了自己人生一個接一個輝煌的故事。

阿甘的智商只有七十五。但是在母親的關懷和鼓勵下，他很早就走出了自卑的陰影，並執著的把握著每天的生活。當在學校裡面遭到了同學的欺侮時，他用奔跑來對付他們。而正是這種奔跑，使他順利的跑進了一所學校的美式足球場。在美式足球比賽中，他只管在每場球賽中用最快的步伐甩掉對手，這種執著把他送進了大學，並成為了大學的美式足球巨星，受到了甘迺迪總統的接見。

在入伍去了越南的戰場後，阿甘不管別人對戰爭有多麼的仇視，他只認為自己應該做好的就是今天的事，因而，對國內的高昂反戰情緒毫不理會。同樣，執著又成就了他，他作為英雄受到了詹森總統的接見。

阿甘有一個青梅竹馬的玩伴珍妮，珍妮也喜歡他。但珍妮更嚮往一種有激情的生活，這是阿甘不能給她的，於是她出走了。阿甘很愛珍妮，她的出走讓阿甘很傷心，但阿甘並沒有就此放棄把握自己的生活。他依然按自己的想法，按部就班的做著一件又一件的事情。

他從不想自己的明天會怎樣，只是每天堅持做著自認為該做的事。恰是這種放鬆的心態，成就了阿甘一個又一個的偉績：他先成為了美國的桌球巨星，直接參與了中美兩國的桌球外交活動，並受到了總統的接見；後來，他又成為了一個捕蝦公司的老闆，並成為了百萬富翁。

有一天，珍妮回來了，在和阿甘共同生活了一段日子後，她又走了。阿甘突然覺得自己想跑，於是他開始奔跑，這一跑就橫越了整個美國，他又一次成了名人。正是憑著這種只把握今天的執著，阿甘創造了自己人生的輝煌。阿甘的人生態度是非常值得我們學習的。把握好今天，我們才擁有一個真實的自己。充分佔有和利用好每一個今天，我們才能耕耘今天的希望，收穫明天的喜悅。

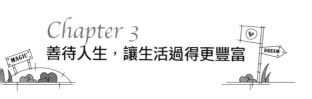

10 你必須改變錯誤的人生態度

為什麼有的人數錢數不過來，而有些人卻在為日常的房租水電費而發愁？當然，運氣是一個原因。但是，通常是人們對生活的不正確態度和做出搬起石頭砸自己腳的行為，而使自己陷入困境，進而給自己帶來厄運。

生活中有許多人走上了事業的巔峰；但是更多的人，雖然精明睿智毫不遜色，卻未能獲得成功。一些研究成功學的專家，把失敗的原因歸結為以下幾大錯誤：

一、沒有學到有用的技能

有些人不明白這樣一個基本的事實：人們所以能夠獲得報酬，是因為他們能夠做些什麼。而且，他們不明白一種必然的結果，人們由於能夠做某些使價值大量增值的事，而獲得很高的報酬。這意味著，醫學、法學、寫作流行歌曲、金融或其它職業，將有助於人們改善自己的處境，能賺大錢，或是使自己感到愉快，或者從中學到一些東西等。如果你的目標是在金錢上獲得成功，你就必須實實在在的去生產或創造別人想要的東西，而不應將其僅僅停留在你的夢想之中。

二、傷害朋友

失敗的人往往有一種習慣，對一些與自己並無多大益處的人（如：政客、歌星、名人等），表示出友好和感激之情；而對那些善待他們的人，卻表示出蔑視和不領情的態度。如果仔細觀察，我們不難發現，這種人在生活中經常出現。

傑克曾一次又一次的獲得進好萊塢工作的機會。這主要得力於兩位在不同電影製片廠工作而且相當有實力的朋友幫助，他們在很久以前就把他推上了成功的軌道。但是，在過去二十年的時間裡，傑克一直看不起他們的公司，怠慢他們的友誼，而同時卻去追隨那些根本不把他放在眼裡有權有勢的名演員們。

毫不奇怪，傑克直到四十七歲仍然是一個沒有生活方向、負債累累的人。失敗者往往認為，他們的朋友為他們付出的一切都是理所當然的。

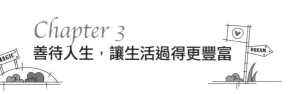

三、不注重生活中的禮節

失敗的人日常生活中還常表現出粗俗無禮。他們不會適時對那些贈與他們禮物和給予他們幫助的人表達感激之意，也不會對自己的輕慢態度和做錯事情向人道歉。

一位作家喜歡用他請的家宴客人會遲到多久為標準，來推測他是否是個成功的人。一個擁有好工作、非常忙而又責任感很強的客人，會準時赴宴；一些整日無所事事的人，會很晚才到，甚至乾脆不露面。一個從事基層工作且無處可去的人將會如何呢？大約會遲到十五分鐘至一小時。

約翰曾有過一段做製片人的經歷，表面上看來似乎很有前途。但隨著時間的推移，他的生涯開始搖擺不定。由於他令人驚異的缺乏禮貌和風度，使他由事業的巔峰一下子跌落下來。約翰從未因朋友對他的款待、替他弄到各種演出的通行證以及給他介紹工作而感謝過他們。最終，幾乎所有的朋友都採取了類似的行動：乾脆不再為他做任何事情。

四、不合時宜的穿著打扮

年輕漂亮的珍妮渴望找到一份工作。在朋友的幫助下，她獲得了一次面試機會，與一家對公司的家庭形象感到自豪的公司高層共進晚餐。令人難以置信的是，她穿著短褲、T恤和高跟涼鞋出現在經理們的餐廳裡。從她一露面的那個瞬間起，她就已經把這場面試給弄砸了。

失敗的人常有不適宜的打扮。他們趕去參加求職面試時常常不繫領帶或穿著一雙運動鞋。當其他人都西裝革履的出席宴會時，他們卻穿著牛仔服赴宴。他們也許認為，這是在顯示一種流行時尚。而實際上，他們這種行為告訴人們，他們不屬於他們此刻所待的地方，而且還反應出他們對在場者的一種輕視態度。

五、令人生厭的生活態度

失敗的人往往面帶一種慍怒憤世的表情。他們不喜歡他們的工作和他們生活的世界，懷疑他們周圍的人都是不誠實和愚笨的。他們把一切都看得那麼黑暗，並用他們自己對生活的絕望態度和無所寄托的頹喪情緒影響著他們周圍的人。

一位在北加利福尼亞的女士能勝任並完成每天的工作。但是，她無論走到哪裡，不是抱怨空調太冷，就是抱怨太熱。她貶損老闆，埋怨工作。她對同事們說，工作是浪費時間。在兩年內，她已經失去過五次工作，而仍未從任何她曾為其工作過的人那兒獲得有益的經驗。

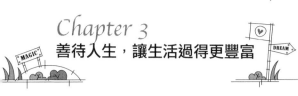

六、不必要的爭論

失敗的人喜歡僅僅為了爭論而爭論——挑起爭端，或是使其他人失去心理平衡。那些挑起爭端的人也許會想，此刻，朋友們和同事們會對他們的機敏與智慧留下深刻的印象。

美國眾議院著名發言人薩姆．雷伯說道：「如果你想與人融洽相處，那就多多附和別人吧！」他的意思，不是說你必須同意別人所說的一切。而是說，你不可能一方面無休止的激惱別人，而另一方面又指望別人來幫助你。結束了一天工作後的人們，不喜歡把時間花費在無休止的爭論上。如果此刻你挑起爭端，他們會迴避你，而你將會發現，你已被其他好爭辯的失敗者們所包圍。

七、本末倒置

失敗的人不能確定什麼是應該優先考慮的事。

邁克爾的父親是個大人物，而他卻很可憐，一直在華盛頓一幢公寓房子裡當管理員。然而，當朋友建議他利用業餘時間去學習，以便通過民用服務考試時，他堅持說他沒有空。各種嗜好佔用了他幾乎所有的業餘時間，近二十年來，他一直都這樣對朋友說！

人們從來都不可能有足夠的時間去做每一件事情，哪怕是真正重要的事情。放棄不太重要的事情而去做更重要的事情，並不是一種犧牲。瞭解了失敗者失敗的原因，我們就要避免犯這些錯誤，對生活抱持正確的態度，為自己開創美好的未來。

11 五種最有助於成功的精神因素

一位美國成功學大師指出：成功者的特質，彷彿是內心中燃燒的火焰，驅使他們去追求成功。

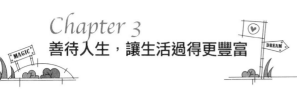

成功者能終年一致的施行有效的做法，以達成美夢。但到底是什麼使他們能持久不懈的全心投入各項事務中呢？當然有不少原因。在精神因素方面，美國成功學大師認為，以下五種特質是非常關鍵的：

一、飽滿的熱情

黑格爾說：「沒有熱情，世界上沒有一件偉大的事能完成。」愛默生說：「沒有熱情，沒有一件偉大的事業會取得成功。」美國的《管理世界》雜誌曾進行過一項調查，他們採訪了兩組人，第一組是高知識高地位的人事經理和高級管理人員，第二組是商業學校的畢業生。他們詢問了這兩組人，什麼品質最能幫助一個人取得成功。兩組人的共同回答是：「熱忱。」

一個推銷員，雖然他只有有限的專業技術和不多的專業生產知識，但如果他有感人的熱忱，那麼，比起那些有良好的技術、但缺乏熱忱的人來，他的銷售額肯定要多得多。

考慮一下你的現狀，你對你的工作、你的目標，是否感到激動，是否有熱情呢？成功者一直有一個理由，一個值得付出、激起興趣、且長據心頭的目標，驅使他們去實行、去追求成長和更上一層樓。這目標給予他們開動成功列車所需的動力，使他們釋放出真正的潛能。是熱情使艾柯卡做出別人所做不到的事；是熱情讓科學家終年孜孜不倦，尋求突破，最終把人類送上太空並接返地球；是熱情讓人生有力量、有勇氣、有意義。若無熱情，則無一事可成，不論是運動員、藝術家、科學家、或生意人，缺了它就不會奮發向上。

二、堅定的信念

世上每一本宗教典籍都是在訴說信仰和信心帶給人類的力量和影響。成功者與失敗者的信念截然不同，而我們現在對自我評斷的信念，往往就支配了我們的未來。如果我們相信美妙，未來就會過著美妙的日子；如果我們自我設限，轉瞬之間，那些限制就在眼前。所以，若我們相信有可能會成真的事，它就必會如你所思。有些人雖有熱情，但對自己的能力懷疑或期許不高，因而從未採取能讓願望實現的行動。但成功者不然，他知道所追求的目標並且相信能夠達到。

熱情和信念猶如汽油，推動你邁向卓越之境。不過，有推動力仍舊不夠，還得有航向。否則，就像沒有目標的火箭，在天空中盲目的亂竄。航向對人而言，就是指明智且循序前進的認同，是我們擊中成功靶心所不可或缺的。

三、正確的策略

萬事具備並不一定能保證成功，還要有一套最佳的組合，使其發揮到極致的地步才行，這才叫策略。進入屋內，你可以破門而入，也可以找鑰匙開啟，就看你怎麼去做。要想獲得理想的人生，也是同樣的道理。正確的策略會使你減少障礙，更快的達成自己的目標。

四、清楚的價值觀

若談起成功者的特質時，自然會想到榮譽感、包容心，以及崇尚自由的精神，這些特質就是成功者的價值觀。何為價值觀？那是人生中不可或缺的、遵守道德的、切合實際的判斷，讓我們分辨出何者為重，何者為必須。

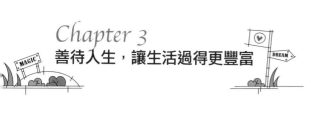

若人有正確的價值觀，便能使我們分辨出是非黑白，明白人生的真諦。遺憾的是，有太多的人卻完全不清楚，也因此有些人常在事後懊悔所做的，就是因為他們沒有明確的價值觀。然而，反觀那些取得巨大成功的人，他們始終都清楚的明白，基本原則是什麼。雖然他們看法不同，但卻有共同的道德根基，知道為人的本分和當仁不讓。所以，要想成功，就得明白自己的價值觀，這是極為重要的關鍵。

我們的價值觀顯然會影響我們的策略。如果我們的策略為求成功，卻不擇手段的去做違背良知的事，即使是最好的策略也不能成功。這也就是為什麼我們常看到有些人蓋起高樓，不久又見樓垮了，因為他們的策略和價值觀彼此對立，互相衝突。

五、旺盛的活力

是活力使得歌舞演員在舞台上熱勁四射；是活力讓企業家在經營企業上衝勁十足；是活力讓年邁的政治家，老當益壯，老而彌堅。欠缺活力，步履蹣跚的人想進入卓越之林，那幾乎是不可能的。所以，精力充沛之人的四周，幾乎整日充滿各式各樣的機會，忙得令他們分身乏術。若能抓住機會且善於利用機會，便會步向成功。

有些人有熱情、有信念，也擁有成功的做法，更不與價值觀牴觸，可惜就是缺乏那股活力，無法進行所要做的事。所以，要建立偉業，就得保持有在體能上、心智上和精神上的活力，那才能使我們盡情的發揮。

以上五種特質互相影響，並相互帶動。信念會不會影響熱情？當然會，我們越相信會達成目標，就越會投入心力促其實現。僅有足夠的信念，是不是就能進入卓越之境？那的確是好的開始，不過，你若從一開始便面向西方，卻相信會看見日出，那可難了。

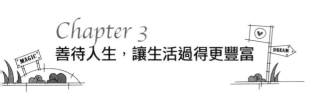

12 有力的計劃能幫你完成目標

你需要一個有力的計劃來幫助你完成自己企望的目標。一個有力的計劃，應該反應你能做什麼，你如何與他人相處，你對自己的感覺怎樣。一個有效的計劃，應該用一系列新的程式代替舊的，它需要你的活力和毅力。

如果你二十八歲，年收入六十萬元，當你賺到一千萬時，你將打算如何花錢？你打算如何投資？現在，就請你為如何處理那筆更多的收入訂一個計劃吧！

「但是，我從來沒賺過那麼多的錢，這樣做對我有什麼用呢？等我達到時，再訂計劃可以嗎？」

你現在就應當訂一份計劃，你將會看到它的意義：你個人的事業會隨之敞開，你開始有意識的考慮你從前沒有認真想過的可能：「我應當投資房地產、債券，還是考慮退休以後的生活？」

如果你現在能開始考慮這些可能的投資，那麼，當你得到更多的資金的時候，你會對如何使用這筆錢心裡有數。你將更願意把資金投入更大的事業上讓它不斷積累，來實現你的長期目標。

你在近幾年打算結婚並要一個孩子嗎？那是需要錢的。你願意按何種方式賺錢呢——利息、股票分紅、租金？你想在五十五歲或是六十歲就退休嗎？你應該把這些計劃寫下來，根據你的收入估計一下你實現計劃所需的錢，利用近二十年物價指數的增加作預測，制定一個投資計劃並考慮它的增長。

你應該為今後的三百六十五天制定一個有力的計劃，並把它分解成一些小的目標和要求，對每一個小目標和要求有一個不足一頁紙的小計劃，以保證你進入正軌。

假設你要長跑，一月一日時，你就要計劃好每天跑多少公尺，去哪裡跑，一週跑幾次，一年打算跑多少公里？如果你不把計劃寫下來，還不到半年，你就會找到足夠的理由不去跑步。天氣好了就去跑跑；天氣不好了，就不跑了。最後，你可能會說：「我從前一直堅持跑步，後來放棄了，因為……」

即使你明天中了彩券，你仍然需要一個計劃幫助你處理如何花這筆意外的收入。你還將繼續工作嗎？你打算住什麼樣的房子？你打算制定怎樣的預算？一個寡婦繼承了她丈夫的財產，通常不論這財產有多少，七到十年間就會揮霍一空。許多有幸贏了巨額獎金的幸運兒，通常也無法幸運的把富裕保持下去。

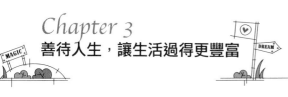

請你扎根現實，許多人渴望成功，但是他們卻並沒有為了這一目標而制定一個可行的計劃——根據他們希望的生活方式，重新安排他們的目標、行動。

幻想有自己事業的人，常常考慮的是如何改變現在的地位，做自己的老闆，一年賺多少錢。很少有人認真算計要花多少時間與人打交道，與諸如債權人、供貨商、僱員、合作者、顧客打交道。所以，開始採取行動之後，他們往往會發現自己困難重重，身陷逆境。

當人們發現自己不得不為了期待的目標付出努力時，許多人便開始留戀自己過去的生活，於是便一無長進。

除非你制定一個有力的計劃來指導你的航程，否則，你做出的任何決定，都可能讓你陷入進退維谷的逆境，或者讓你又重新回到過去的行為方式和生活習慣裡。制定一個有力的計劃，能幫助你繞過許多麻煩，保持目標專注，不斷前進。

13 使平凡的人生變得不平凡

如何使平凡的人生稍許不平凡些？這個老生常談的話題，卻不斷的引起人們新的思索。平凡的人應該如何生活和工作，如何尋找自我？

因發現第二種中微子而榮獲一九八八年諾貝爾物理獎的美國實驗物理學家利昂．萊德曼，曾給一批頗有抱負的大學生作了題為「低報酬、超工時」的講演，暢談科學生涯的樂趣，深受聽眾歡迎。

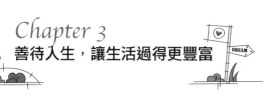

幾天後，一個聽過演講的大學生給他寫了一封信，信中寫道：「我工作努力，學業不錯，但至今未能顯出任何真正有希望的成績。我雖已盡了全力，但看來也只能落在平庸之輩中。我常自問：為什麼我要設法進研究所去苦苦攻讀，然後進政府研究部門或其它學術研究機構，最多就是發現一兩件別人也可能發現的東西？我為什麼不只拿一個學士學位，然後去當個保險統計員呢？——朝九晚五，薪資還很高！」

「在我看來，生活似乎只青睞於少數幸運者——我們的社會只表彰那些已經獲得的成果，而不表彰導致這些成果所付出的艱苦奮鬥。那些辛勤工作著但不曾成功的人，並不受到表彰，這一點使我感到沮喪！」

萊德曼為了答覆這位學生的問題而寫了回信，信中希望該生考慮考慮「自己的處世哲學和生活動機」，「什麼使你覺得真正快樂？在這個星球上什麼才是真正有價值的東西？」

這個自認為是「平庸之輩」的大學生所表現出來的實際心態，確如萊德曼所言，與人生觀有關。正因為「平庸」，所以就普遍。這個「平庸之輩」的不甘平庸之心，多少呈現出世界上絕大多數尋常人的複雜情緒。

為了獲得理想的人生，對於人生價值和人生的意義，應該正確認識；對自我的人生目標，應該深入瞭解；對於自己人生的規畫，要能夠從整體上把握；對於內心的矛盾和衝突，要有能力自己克服。

Chapter 4 要適當舒解壓力

現代人的壓力都很大。雖然保持適度的壓力有助於我們更充分的利用時間，促使我們發掘更多的潛能，然而，過度的壓力卻會極大的損害我們身心的健康。面對生活中的壓力，我們並不是無能為力的，只能選擇默默承受，而是可以學習和掌握一定的方法，通過自身的主動努力，積極去調控和化解。

01 使自己不受壓力的控制

在日常生活中，壓力是我們談到最多、也是當今社會最難於理解的主題之一。可以說，我們所有的人——不論年齡、性別、職業、經濟地位、種族、教育水準的差異——都遭受著壓力的困擾。

試問我們有多少人的壓力比《聖經》中的保羅更甚呢？保羅在眾目睽睽下被脫去衣裳，而後受鞭打。

大家都知道，耶穌被釘上十字架的時候，外衣被人分開，內衣也被扯碎，這表示耶穌是赤著身子被掛在十字架上，基督所受的羞辱也是為了世人的罪。保羅也是一樣，他是這樣敘述自己的遭遇的：「他們是基督的僕人，我更是。我比他們多受勞苦，多下監牢；受到嚴厲的鞭打，有幾次甚至瀕臨死亡。被猶太人鞭打五次，每次四十下；被棍子打了三次；被石頭打了一次；遇著船壞三次，一天一夜在深海裡。

又屢次行遠路，遭江河的危險，盜賊的危險，同族的危險，外邦人的危險，城裡的危險，曠野的危險，海中的危險，假弟兄的危險。受勞碌，受困苦。多次不得睡，又饑又渴，多次不得食，受寒冷，赤身露體。除了這外面的事，還有為眾教會掛心的事，天天壓在我身上。有誰遇險我不擔心呢？有誰跌倒我不焦急呢？」

但我們看不到保羅以為自己承受很大壓力，更沒有想到活不下去。究竟是什麼原因使他面對此情況，仍能應付自如呢？從保羅戰勝壓力、且不受影響的事跡中，我們可以得到一些啟示。這些啟示是我們在日常可以借鑒的：

一、減少自己受影響的程度

例如：失戀、失業、失去錢財等都會受到影響，但卻能超越這一切而不受困擾。一位女士與男朋友戀愛兩年，後來對方移情別戀，她本該很難過，但竟能說上帝很愛她，知道對方不可靠，也不適合她；否則，結婚後，情況會更糟。

我們很欣賞她的想法。當她的價值觀及人生觀有了改變，這問題也無法影響到她。或許我們不容易面對父母或親友的看法，但最重要的是不要顧慮別人的看法，當我們能跨越困境時，便能感受到釋放和自由。

二、增加自己的抵抗力

若壓力指數達到正常的三倍，有九成的人會生病，嚴重影響健康，但不一定所有人都是這樣，因為保羅說：「我靠著那加給我力量的，凡事都能做。」只要我們懷有堅定的信念，在壓力之下也會成長，也可承擔愈大的壓力。

我們首先要做的是感謝上帝給我們磨練的機會。第二是明白自己所處的環境，隨遇而安，不與別人作比較。第三是要有一個支持系統，每當你遇到壓力時，便向你的支持系統傾訴，以獲得一些安慰，這樣壓力便會減少。

記住：我們不能控制環境，但能控制對環境的反應，如何能控制自己才是最重要的。

02 令你焦慮的事情往往只是瑣事

在西方流行著這樣兩句諺語：「你有權利讓自己離開那些使你的精神焦躁不安的東西。」「一個能夠在一切事情不順利時含著笑的人，比一個遇到艱難就垂頭喪氣的人，更具有勝利的條件。」

不管是否順利，有些人總愛以頹喪的心情、憂鬱的情緒，來破壞、阻礙他們生命的歷程。其實，一切事情，全靠我們的勇氣和信心，我們樂觀的生活態度。如果一遇到不順利的事情，就放任頹喪、懷疑、恐懼、失望等情緒控制自己，我們經營多年的事業就會受到破壞。

有一次，一個人病得很重，病徵是他一直覺得他的眼睛要跑出來，而他的耳朵一直在響。漸漸的，他變得瘋狂，因為它一天二十四小時都在持續著，他無法睡覺，也無法工作。所以，他跑去問醫生，有一個醫生建議他說：「將盲腸割掉。」於是，他就將盲腸割掉，但是病情絲毫未見改善。

另外一個醫生建議說：「將所有的牙齒都拔掉。」所以，他就將所有的牙齒都拔掉，病情依然未見改善。只是那個人變得更老，就這樣而已。然後有人建議說，應該把扁桃腺割掉。所以，他的扁桃腺也被割掉了，但是病情依然如故。然後，他去請教一個最有名的醫生。

那個醫生診斷之後說：「沒有什麼辦法，因為找不到原因，最多你只能夠再多活六個月，我必須對你坦白，因為一切所能夠做的事情都已經做了，現在已經無計可施了。」那個人走出醫生的辦公室，他心想：「如果我只能夠再活六個月，那麼為什麼不活得好一點？」

他是一個守財奴，他從來沒有真正去生活，所以他就去訂了一部最新、最大的車子，他買了一間漂亮的房子，訂做了三十套西裝，他甚至還訂做了襯衫。他去到裁縫師那裡，裁縫師量了他的身材，然後說：「袖長三十六，領子十六。」

那個人說：「不，十五，因為我一直都用十五。」

裁縫師再度量了一下，然後說：「十六！」

那個人說：「但是我一直都用十五。」

裁縫師說：「好吧！那麼就按照你的方式，但是我要告訴你，你的眼睛將會突出來，而你將會感到耳鳴！」

——實際上，那就是他生病的原因！

人類生病的原因很簡單，因為他沉溺於一些小的事情。

在很多時候，令你焦慮和悲觀的事情只是一些瑣事，只要你採取正確的方法，就很容易改變它們。學會肅清自己心中的悲觀心理是一門很重要的學問。我們應學會時時把自己的注意力放在美好的事情上，而非醜陋的事情上；放在真實的事物上，而非虛偽的事物上。這樣，我們在困境中也能看到生活中的美、生活中的好，我們也就因此而樂觀起來。

對一個精神良好的人來說，把心中的憂鬱在幾分鐘內驅出心境，是完全可能的。但許多人在憂傷時卻往往不肯開放心門，讓愉快、樂觀的陽光射進來，而妄圖緊閉心扉，靠自己內在的力量驅逐黑暗。其實，只要有一絲樂觀，我們心中的憂鬱就會減輕很多。

當你感到憂鬱、失望時，你應該試著改變環境。無論遭遇怎樣，不要反覆想你的不幸和目前使你痛苦的事情。想想那些愉快的事、有趣的話，以最大的努力去放射快樂，讓自己樂觀起來。

03 還有比你更為痛苦的人

一個人的苦惱，從表面上是看不出來的。有些人一眼看去似乎陶醉在幸福裡，而實際上卻深埋著許許多多的不幸。

人世間，苦惱之源形形色色。貧窮、疾病、殘疾、人際關係、失業、破產等等，不勝枚舉。一個人在痛苦掙扎時，往往缺乏冷靜，所以很容易忽視周圍的一切，只認為全世界就自己是個「倒霉鬼」，自己一個人掙扎在痛苦中。但是，實際上，不管你目前正因為什麼而痛苦，和你擁有同樣痛苦並且掙扎在痛苦中的人，社會上有的是。

一位身障兒的母親說道：「在出席身障兒大會之前，我一直認為人世間就我一個人背負著這樣的不幸。但是，參加大會時，詢問其他人後，才知道大家背負著比我更大的痛苦，比我更煩惱。我還曾經想過和孩子一起死掉算了。現在看來，真是太慚愧了！」

假如你苦惱著：「為什麼就我一個人如此？」此時此刻，世界的某一個地方某一個人，也因為同樣的原因「為什麼就我一個人如此……」而苦惱著。遭遇痛苦或煩惱的，並非你一個人！在這個世界上，還有人比現在的你更為苦惱。與他相比，你還是較為幸運的。

在痛苦時，你要想到還有比自己更為痛苦的人。例如：看看報紙或雜誌上的讀者專欄，聽聽廣播裡的聽眾來電。你會發現，還有人比你更為痛苦。

另外，讀一些傳記，瞭解歷史上偉大人物們的苦惱，也是有好處的。例如，身負三重痛苦的海倫·凱勒、美國林肯總統的傳記等等。讀了後，你會覺得自己的痛苦沒有達到那一步，並且你的痛苦會隨之減輕。

痛苦時，也可以想想整個宇宙。我們知道地球不過是太陽系裡一顆小小的行星。太陽系由圍繞太陽運轉的地球、火星、木星、土星等等行星構成。以適當的熱量來溫暖地球的太陽，直徑為一百四十萬公里，大約是我們居住的地球的一百零九倍；太陽中心溫度一千五百萬度，表面溫度六千度，重量是地球的三十三萬倍，可繼續燃燒五十億年。

地球距太陽一億五千萬公里，到達太陽需要一輛時速達一百公里的車，大約行駛一百七十年。太陽系完全包容於銀河系，銀河系的直徑為十萬光年，而且銀河系占宇宙空間為一億光年，整個宇宙的寬度為兩百億光年。

一旦瞭解了這一切，痛苦的時候，你試著把自己放在遠大於我們日常生活範圍的宇宙中，這樣一來，不論自己的煩惱、自己的痛苦有多大，必然看起來微不足道。對自己來說無可替換的寶貴生命，在遼闊的宇宙裡也是極其渺小的。不論怎樣煩惱萬千，歸根到底，一個人的存在與浩瀚的宇宙相比，也不過如此渺小罷了。

「只有自己一個人在痛苦中煎熬」這種孤獨感會加大痛苦。不論怎樣的煩惱，都不是孤立的，它們有自己的夥伴。

04 別讓壓力超過你的承受能力

事業上的成功，家庭的幸福美滿，人際關係的和諧，是每個人都期望的生活目標，追求高質量的生活無可厚非，還應積極提倡。

有些人在生活中感受到極大的壓力。問題出在哪裡呢？你的能力和心理素質。除了少數智力超常的人外，大家的智商其實都差不多，而能力卻相差很大。在同一個目標下，能力強的人往往比能力弱的人壓力要小，因為能力強的人覺得獲勝的機會比較大，目標離他越近，壓力就會越小。

有了壓力不一定就是壞事，壓力來源於人的需求，而這種需求就是人們追求奮鬥的原動力。感受到壓力，體會到自己的需求，能產生為之奮鬥的慾望。人在遇到絕路的時候，巨大的壓力往往爆發巨大的潛能，「置之死地而後生」就是這個道理。

但是如果自己給自己的壓力太大，或由於客觀原因壓力過大，則會超過人的承受能力，使我們感到心力衰竭，不堪重負，甚至產生一些心理疾病，更別提奮鬥了。就像彈簧一樣，在沒有超過其承受範圍時，你用力壓緊它，鬆開手，它會用力反彈；

但一旦超過其範圍，彈簧發生變形，再用勁，也反彈不回來。

有的壓力是客觀原因造成的，比如當上司要你完成一件超出自己能力負荷的任務時，像這樣你必須完成卻超出能力範圍的事務，會讓你感到壓力。責任也會產生壓力，當你擔負起某一責任時，責任本身就要求你完成你應該完成的事情，不管你願不願意，它就擺在你的面前。

怎樣正確面對壓力呢？如下建議可供參考：

一、學會丟掉包袱

生活中繁雜的事務會將我們寶貴的時間和精力支解，使我們沒有充足的時間和精力做最重要的事情。這時，你會感覺到很大的壓力。有效的辦法是，先分析一下什麼對你是最重要的，哪些事情是次要的，重要的事情先做，次要的少做或不做。這樣，就可以為自己贏得寶貴的時間，減少忙不過來的壓力。

二、善待自己，降低標準

不要對自己太苛刻了，至善至美只是一個遙遠的夢。擺脫完美主義的束縛吧！不要妄想把所有的事情都做到完美無缺。適當降低一下標準，放鬆一下自己的心情，或許在客觀上也減輕了別人的壓力。

三、遠離虛榮

在生活中，許多壓力完全是由於自己的虛榮心導致的。為了穿名牌時裝、用高檔化妝品，住漂亮豪華的房子不得不拚命的賺錢，無端的增加了自己的壓力。金錢、名譽、地位這些如同過眼雲煙，卻常常被人視為是最重要的東西，為之所累。為了減輕不必要的壓力，一定要學會真正的享受生活，擺脫虛榮。

四、給自己留一點兒思考的時間

壓力的產生也可能是因為對事情本身的理解造成的。過分誇大了事情的重要性和後果，導致心理負擔加重。不少人往往因為急於求成，而忘記了對事情本身的思考。留一點兒時間思考，能讓你更清楚的看到事情本來的面目，同時也給了自己一個解剖情緒、分解壓力的機會。

五、不要忘了休息

過重的勞動會導致人生理疲勞，效率低下，進而導致過分的焦急與緊張。適當的休息，不但會緩解大腦疲勞，而且可以放鬆一下緊張的心情，減輕心中的壓力。

特別是忙碌的上班族，週末應好好休息一下，充沛的精力有助於你以更好的姿態去面對生活中的各種壓力。

不管是主觀原因，還是客觀原因，壓力總是存在的，即使有的壓力並不是自己帶來的，但卻要讓我們承受。問題出現了，我們只能面對，別無選擇，這本身就是壓力。

Enjoy life...
HAVE A NICE DAY.

05 化解「累」的感覺

身軀的重負導致疲勞，稱作累。隨著現代科技的發展和現代人際交往的繁複，肩上的重負逐漸減弱，心理的重負逐漸增強，且煩惱對心理的壓迫比之重負對軀體的壓迫更顯深刻。

心理煩惱加上生理疲勞，構成了現代人普遍的心態——「活得累不累」，成為時下人們議論的焦點之一。為此，專家為我們提出了以下建議：

一、學會化解緊張的良策

緊張是快節奏時代的顯著特點，化解緊張是每個現代人必不可少的能力。比如，如果你工作或時間緊張，可提高自己的能力；如果你收支緊張，可調整自己的心態。

如果你工作緊張，請不要煩躁，不要忙亂，首先分出百分之八十的次要和百分之二十的主要，請優先做好百分之二十起著關鍵作用和連帶影響的工作。在少了壓力的情況下，其餘百分之八十的工作也會迎刃而解。其次，改善你的工作環境，調適你的情緒。讓緊張化解於愉快之中，以工作效率促進工作品質。有了效率又有品質，即使工作還很艱苦繁重，也會有了輕鬆。

如果你時間緊張，那麼，優化程序可以節省時間，花錢代勞可以騰出時間，乘車代步可以爭取時間，學習楷模可以縮短時間，超前安排可以贏得時間——時間可以永遠是你的奴婢。

如果你收支緊張，那麼請推遲十天購買新上市的蔬菜（這並不會少了鮮度）；推遲一個月購進應時服裝（這並不影響你的外貌）；推遲一年購買時尚用品（這並不改變你的品味）。粗製品並不比精製品少了營養，首飾並不是人的必需，名牌並不反映價值，這些都是消費中誘惑你手中金錢的扒手。

二、學會輕鬆的與人交往

人都有自己的思想，思想是最活躍的。你不可妄想以自己的想法去雕刻別人，讓別人來附和你的心願，更不可指望對方摒棄以往的習慣與你合流為一。

誰都不願意被別人隨心雕刻成一個失去個性的人，倒是每個人都希望自己能夠被欣賞。倘若你用愛的目光去關懷對方，你會發現，每個人其實都是精巧的藝術品；他的當面批評，原來是心直口快，不會使手段；他的牢騷，原來是在反映壓抑多時的要求；他的投機取巧，恰巧反應了他的機靈和公司所訂規章的漏洞；他的多管閒事，正好體現了他的熱心腸……一旦瞭解了客觀真相，你也就不會感覺「累」了。

三、不必對周圍的人分析過多

許多瑣事，你想了三天往往不如一秒鐘的直覺判斷。分析雖然使你剔除了一些假的東西，但也讓你懷疑一些真的東西。分析的依據常是往事，而往事與現今總是不可同日而語的，用這種思維對待周圍人的言行雖然讓你清醒和深入，但也很難避免隨著感情和心態而升降。沒有一種分析不帶有好惡和主觀，它可能使你陷入更深的偏見。

常聽人告誡「言多必失」。其實，更多的是「想多必失」。如果在生活中聽了別人的話，總不忘想盡它的另一層意思，就太小心眼，也太費精力了。這樣的人生活怎能輕鬆呢？所以，不可對周圍的人分析評判得太多。

四、不必太注意別人的臉色

小孩是注意大人的臉色行事的，因為孩子幼稚；奴才是根據主子的臉色行事的，因為奴才的命運操縱在主人手裡。誰願意永不成熟，誰願意將命運交到別人手中？

你並不可能讓每一個人都高興，他的臉色不好，也許只是他的一種病態，也許他並沒有衝你而來，也許雖然做給你看，但全是誤會。你為什麼將命運的一半交給他呢？你如果一隻眼睛注意著工作，另一隻眼睛在注意別人的臉色，工作必然無法做到完美。成熟的人不會注重別人的臉色，而是專心做自己的事業。這樣，就能夠減少很多不必要的煩惱和壓力。

時間給我們每一個人同樣的日子，你為什麼感到特別累呢？也許主要是因為處世無方，或者不懂得用適當的方法去化解。

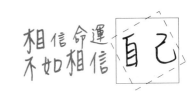

06 生活沒有那麼糟

心理學家指出：你自己的情緒可能極具欺騙性。它們能夠、並可能會設下計謀，使你相信生活比其實際情況糟得多。

當你心情好的時候，生活看起來很棒。你具有洞察力、常識和智慧。情緒高昂時，不會感到情況如此艱難，問題看起來不那麼可怕且易於解決。當你愉快時，人際關係似乎很順暢，溝通也容易；如果你受到批評，你會輕鬆跨過它。

相反，當你心情不佳時，生活看起來是令人難以忍受的嚴酷和艱難。你幾乎沒有洞察力。你對待問題過激並常常誤解你周圍的人，因為你認為他們的行為出於惡意的動機。

問題是：人們沒有認識到他們的情緒一直在起作用。他們認為他們的生活在過去的一天，或甚至是在前一小時突然變糟。所以，某人早晨心情好時也許會熱愛他的妻子、他的工作和他的汽車；他可能會對未來抱樂觀態度而對他的過去心懷感激。但到了下午，如果他的心情變壞的話，他就會聲稱他憎恨他的工作，討厭他的妻子，認為他的車是個廢品，並認為他的事業沒有前途。如果你在他情緒低落時談起他的童年，他可能會告訴你那時相當艱苦。他可能會為當前的困境而責怪他的父母。

這樣迅速和強烈的反差可能看起來很荒唐，甚至可笑——但我們往往都是那樣的。當我們情緒低落時，我們會失去洞察力，並且一切都似乎都處於危機中。我們完全忘了當我們心情好時，一切都似乎如此美好。當我們情緒不佳時，我們不去責怪我們的情緒，而是往往感到我們的整個生活是錯誤的。就像是我們真的相信，我們的生活在過去的一兩個小時分裂成兩半。

實際上，生活幾乎永遠不會像我們情緒低落時感覺的那麼糟。不要陷於壞脾氣和壞心情中。要學會更理智、更現實的看待生活。提醒你自己：「我當然會感到牴觸（或生氣、受挫、有壓力、沮喪）；因為我心情不好。當我情緒不佳時總會感到消極。」

情緒低落時，不適合去分析你的生活。這樣做是情感上的自戕。下次你情緒低落時，無論出於何種原因，都要提醒你自己：「這也將會過去的。」它會的！當你處於不利的情緒中時，學會這樣簡單的排解掉它：這是一種不可避免的人類心態，如果你不理會它的話，它會隨時間而消失的。

07 摒棄引起你憂慮的幻想

當上司分配給你一項新的任務時，你是否感到頭痛？當你踏上飛機的登機梯時，你的心臟是否會緊張的跳動？倘若如此，就把繃緊的神經放鬆一下好了。

有的人試圖使用酒精、尼古丁和大量的鎮靜劑來解除不安的痛苦；也有的人為了達到同樣的目的，整夜的守在電視機旁，嘴裡還不停咀嚼著糖果或其他甜食。這些做法不僅無濟於事，反而會導致更嚴重的問題，比如：酗酒、吸毒。

人不安的症狀包括心臟劇烈跳動、口乾舌燥、小便頻繁、頭暈目眩、渾身疲憊，甚至發生身體許多部位抽筋，另外還有胃口異常大增，或食慾不振，以及失眠等。

每個人當然不願讓煩惱纏身。為此，許多人把自己的大部分精力用於消除外在表面上的痛苦，以獲得一種暫時的解脫；或者煞費苦心的尋找著能使生活永遠快樂、滿足、無憂無慮的具有魔力的長生不老藥。然而，事實上這種藥是根本不存在的。

最有效的辦法是去正視現實，摒棄那些引起你憂慮不安的幻想。世界上不存在你完全滿意的工作、配偶和娛樂場所；憂慮不安則是人生活中突然發生變化的產物，矛盾在於這種生活中的變化又是永不停歇的。

首先，在此澄清一下有些人為達到解脫而採取的錯誤做法和危害。

✓看電視：總是一個人長時間的看著電視，將自己置於現實世界之外乃是一種催眠性質的被動方法，它會加深你的孤獨感。

✓過度飲食：無疑它會使你身體發福，造成你身心兩方面的不安與痛苦。

✓故意去冒險：經常高度緊張的神經會加重你心理上的負擔。

✓酗酒：酒精是一種慢性毒藥，長期過量飲用會使你身心失去平衡，精神空虛。

✓抽菸：點一支香菸，一吸一吐，似乎你的全部苦悶會隨著煙霧慢慢飄散。然而，誰都明白菸中的尼古丁對人是有害無益的。

✓服用安眠藥物和鎮靜劑：在短暫的藥效期裡也許你會說完全擺脫了塵世的煩惱，但危險在於這類藥物的副作用。如果經常服用，會使你心理負擔加重，精神更加脆弱：一旦藥物上癮，後果更難設想。

✓過度的活動：儘管許多醫生也同意這個方法，但要注意，它需要你的身體十分健壯。否則，若你的身體情況不佳，這種過量的運動會產生巨大的反作用。

✓無所事事：整日閒蕩會使你精神空虛，加重你的不安感。

世上有許多無法預料的事情，「憂慮常在」對每個人來講都是適用的。問題在於面對種種不測你應該怎麼辦？下面為大家提供一些正確的方法。

一、善加利用時間

有時，人們變得焦躁不安是由於碰到了自己所無法控制的局面。此時，你應該承認這種現實，然後設法創造條件，使之朝著對你有利的方向轉化。例如：當你在商店、公車站或銀行排著長隊等待時，千萬不要為之煩惱。此時，你可以把思路轉向別的事上，諸如回憶一段令人愉快的往事，思考一下工作中所遇到的問題。當然，做幾下深呼吸也有助於使你平靜。

二、做事情切莫一拖再拖

當面臨一項既十分艱苦又必須完成的任務時，很多人都趨於能拖一天就拖一天。可是，這只能增加你的不安情緒，倒不如你及時、圓滿的去完成它。這是因為，今天對你棘手的任務明天也不會變，因此，你應立刻行動，切莫等待。

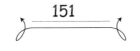

三、摸索自己的生理時鐘

有些人清晨時精神最集中，思路最敏捷，而有些人的思路則是在中午、下午或夜間處於最佳狀態。各人有各人的特點，切忌對自己強加過分的壓力。比如，本來適於夜裡讀書的人，就不必硬要早起唸書。根據自己的生理時鐘，安排好生活和工作，會使你感到更加舒適和愉快。

四、做事情不要急於求成

有些人為金錢、權力、榮譽奮鬥，可是，這類東西你獲得的越多，你的慾望也就會越大。這是一種無止境的追求。一個人發財、出名似乎是一下子的事，但實際上並不然。再比如：你想一下子減少十公斤體重顯然是辦不到的，而兩年以後達到目標可能還實際些。因此，你應在懷著遠大抱負和理想的同時，隨時樹立短期目標，一步步的實現你的理想。否則，你的理想只能是幻想，你的不安情緒會隨著理想的破滅而加重。

五、找到一種你所喜愛的運動

每天按時活動一下筋骨是解除煩惱的最好辦法之一。當然，你必須找到適合於自己的運動方式及時間。有的人願意大清早起來散步，而有些人則喜歡傍晚散步。重要的是找到一項你所喜愛的運動項目，按規定的時間每天堅持鍛鍊才有益處。

六、嘗試一些其他的放鬆辦法

放鬆運動並不一定只是體育方面，或類似的一些簡單機械的活動，它還應包括所有能使你完全擺脫日常乏味的工作、家庭瑣事的活動。比如說：彈奏樂器、繪畫、養花種草以及唱歌、攝影、甚至自願參加一項義務勞動等都可以。

也許有人要問：「我何時何地可以放鬆一下呢？」回答很簡單，你願意什麼時間、什麼地點都可以：在阻塞的路口、在等待電梯時、在長時間裡都沒有魚上鉤的池塘邊、在整日都下著大雨的假期裡……生活是如此捉弄人，但又充滿著幽默氣味，想到這些，你也許會感到輕鬆和愉快。

08 克服心理上的焦慮情緒

焦慮往往伴隨著得不到滿足的痛苦和不愉快，所以，它比壓力下的緊張更折磨人，是一種不良的情緒。

當你將要進入到某一社交場合、某一個新的環境，面臨升學、考核、升職等情況時，由於懷著某種期待而又擔心不能實現，往往就會焦急不安，顧慮重重，情緒緊張，這是有一定對象和具體原因的焦慮。在另一些情況下，並沒有什麼重大事情，卻產生莫名其妙的緊張，總是心神不寧，悵然若失，這也是一種焦慮情緒的反應。

焦慮是怎樣產生的呢？有的是由於強烈的自卑感，缺乏自信心造成的；有的是希望有所成就，但不知自己的目標在哪裡，怎樣達到目標，空有成就事業的願望，卻不能找到一條切實可行的路，因此而產生焦慮。此外，不如意的同事關係、上下級關係，過高的成就欲而久久不能達到的受阻感，對切身利益過於重視而期待殷切，卻又擔心實現的可能性等，這都會使人產生焦慮情緒。如果一個人久陷焦慮情緒而不能自拔，內心便常常被不安、懼怕、煩惱等體驗所累，行為上就會出現退避、消沉、冷漠等情況。而且由於願望的受阻，常常會懊悔，自我譴責，久而久之會導致精神異常。儘管每個人產生焦慮情緒的原因不同，但最根本原因有兩個：

✓自我期待較高，自尊心強，但自信心差。所以，他們往往處於一種矛盾的心理狀態，既希望自己獲得成功，又害怕可能遇到的阻礙與失敗。對成就的渴望和對失敗的擔憂，對未來的幻想和對眼前障礙的害怕交織在一起，產生了既想邁步又顧慮重重的焦慮情緒。

✓過於注意自己，心胸較狹隘，對個人的名利得失較關心。當然，個性因素，如內向、敏感、膽怯、猶豫不決等，也是焦慮產生的溫床；而失眠、厭食、神經衰弱等慢性病，也可能加劇焦慮情緒，生理疾病與心理疾病互相作用，便可能產生惡性循環。為了克服焦慮情緒，我們可以參考下列建議：

一、鍛鍊自己的性格

根據心理學的研究成果，一個人的性格決定他的氣質和情緒發展。性格外放，情緒容易激動；性格內斂，情緒相對較為穩定。因此，我們要努力培養自己良好的性格特點，保持情緒的穩定。

二、要樹立自信心

自信心的樹立，靠自己具備紮實的基礎知識和基本技能，靠對工作任務、性質、環境和可能遇到困難的如實瞭解。情況明，信心增，這是很有道理的。對情況心中有數，相信自己能夠應付，才會消除顧慮。

三、要有應對困難壓力的心理準備和戰勝它們的勇氣

人生沒有平坦的大道，也不可能不遇到困難。當焦慮襲來之日，往往就是被困難挫折壓倒之時。只有具備了勇往直前的勇氣，敢於承擔責任，敢於正視現實，我們才能抵制住焦慮情緒的進攻。

四、安排適當的工作量

一般來說，沒有經驗的新手，進入某項工作時，常用過高的標準要求自己，不但造成精神壓力，而且因為難以達到，而給自己帶來過多的緊張。工作的低效率和心情的高度緊張相互作用，相互擴展，還會形成惡性循環。如果僅能意識到自己所從事的工作僅僅是開始，掌握的知識和技能也是初步的，緊張的程度緩解了，效率反而會提高。要相信自己的力量，要對情境和任務做出冷靜的分析，並訂出必要的行動計劃。事情再難、再急，也必須一步步的去做。

五、做好臨場前的準備

如果你意識到自己容易緊張，在臨場前，你最好有意識的進行多次預演。比如你將要登台演講，不妨把牆壁和空椅子當作聽眾，試著多講幾次，使語言流暢，臨場時情緒穩定。臨場前足夠的準備，可以幫你樹立信心。假如你已經產生緊張的情緒，希望用最快的辦法把它消除。這時你閉目片刻，做深呼吸，無疑是最好的辦法。

六、以幽默緩和緊張

在許多初次見面的場合中，由於緊張導致一些不自然倒是情有可原。假如你確已緊張，你不妨說出自己的感受，嘲笑一下自己，可以緩和自己的緊張情緒。在一個討論會上，一個與會者由於自己的觀點與其他人的觀點相去甚遠，他為了充分的證實自己觀點的正確性，列舉了大量的事實論據，越講越多。越多越緊張。當他意識到自己很緊張時，自己已經無法控制了。他乾脆說出自己的感受：「我確實太緊張了，無法再講下去了，請大家來幫助我緩和緩和。」這話引起了哄堂大笑。緊張的心情自然也就隨著笑聲而去。

焦慮不僅是一時的狀態，它在持續一段時間後便有可能內化為性格特徵。克服焦慮情緒，有助於你在人生路上走得更長、更遠。

09 適當增加休閒時間

事實上，有些工作會忙得不可開交，是必要的；但是，也有些是屬於那種沒有必要繁忙的工作。

你每天怎麼把自己的步調調得越來越快？由鬧鐘鈴響的那一刻開始，你就滑向生活的跑道，像飛機一般以高速起飛。你跳進車子裡，擠進車陣，緊貼著前車的保險桿，匆匆忙忙的有縫就鑽，希望能改進昨天的駕駛時間紀錄。你轟然馳進停車場，跳出車外，急急的擠出。「早啊！你今天怎樣？再見。」向別人打招呼，彈進辦公室，在電話鈴聲中做眼前成堆的工作。午餐時分，你衝進速食餐廳，在餐盤上堆滿食物，接著躍回辦公室，在大大小小的會議之間塞上幾口，一直到終於可以再度爬上你的車，開始駛向家裡的時刻……

日復一日以這樣狂亂的步調過生活，不妨暫停一刻，捫心自問：「我究竟要以這樣超人的速度完成什麼志業？多年之後，這還會有什麼意義？我會不會回顧這段經驗，覺得有所成就？抑或是疑惑，為什麼我沒有抽空注意到，大自然悄悄的存在著，卻並未存在我自己的心裡？今天我要放慢步調，欣賞注意大自然。」

我們之所以會工作繁忙，原因是我們做了太多沒有效率的事，浪費太多時間所致。像是削鉛筆、清理桌面、打一些沒有必要打的電話、瀏覽八卦網頁等等。我們深信在進入正式工作之前，這些事情是非做不可的。

工作會變得繁忙，只有兩個原因：第一，我們不去做那些真正該做的事；第二，我們實在沒有什麼事好做，但是，我們必須表現得很忙的樣子。在這個工作狂的時代，繁忙的工作已經是一種藝術形式。因此，在某些情況來說，我們每天一定要花十到十二個小時在辦公室，是一個不可避免的現象。

當你試圖減少工作而增加休閒時，你首先要捨棄的是繁忙的工作形態。我們很難界定，什麼樣的工作才是繁忙的工作。因為，每種工作對每種人來講，都有不同的難易度。不過，即使你不想公開承認，你自己心裡也有數，什麼樣的工作是繁忙的工作形態。可以肯定的是，當你脫離繁忙的工作時，你的生活也會簡樸許多。這並不是因為你的工作量少了，而是由於你更能從工作得到滿足，而提高工作效率。

如果你在工作之前，就事先規劃好一些事情的處理順序，然後照著計劃表上的事項工作，相信你的工作就不會再那麼繁忙了。

10 享受獨處的時間

我們總是處於人群之中，在喧鬧的人群裡，你聽不見自己的腳步聲。遠離生活，能讓我們重新認識到自我的存在，回歸原點。

如果你發現自己總是被家人、朋友圍繞著，耳邊充斥著噪音、人聲喧嘩，忍受著繁忙工作、家庭瑣事的無窮折磨，每天的神經都繃得緊緊的，得不到一絲喘息的機會，那你真該好好計劃一下了，找一天靜靜，讓那段時間全屬於自己。把平常為之牽腸掛肚的工作拋得遠遠的，一個人去海邊游泳散步，看看電影，在公園的草坪上曬曬太陽，聞著花香，好好睡上一覺，徹底放鬆一下。

當然，對於有工作又有家庭的人來說，尋找獨處的機會很不容易。你可以和家人、朋友進行交流，向他們說明情況，徵求他們的意見。那些關心愛護你的人，一定會給予你諒解和支持。

努力從沉重的生活壓力中解脫出來，你才能心境平和的處理工作，對待家人、朋友，這將增進你們之間的感情。

閒著，什麼事情也不幹，可不像看起來那麼簡單。

以推崇「簡單生活」著名的學者麗莎說：「幾年前，我還沒有開始簡化生活，那時候，我每天都忙個不停，不是工作開會就是被人約出去，參加一些莫名其妙的活動，每天的日程都排得滿滿的。就算能稍為空閒一點，放鬆一下，我的腦子還是充滿了各種各樣的念頭：下一個預約的時間、將要涉及的內容、怎麼準備晚上的約會……生活一片混亂。」

什麼事情也不做，可以從每天抽出一小時開始。

你可以嘗試一個人靜靜待著，什麼也不做。當然，前提是，你要找一個清靜的地方，否則如果是有熟人經過，你們一定會像往常那樣漫無邊際的聊起來。

也許剛開始的時候，你會覺得心慌意亂，因為還有那麼多事情等著你去做。你會想，如果是工作的話，早就把明天的計劃擬定好了。這樣乾坐著，分明就是在浪費時間。可是，如果你把這些念頭從大腦中趕走，堅持下去，漸漸的，你就會發現，整個人都輕鬆多了，這一個小時的清閒讓你感覺很舒服，做起事來也不再像以前那樣手忙腳亂，你可以很從容的去處理各種事務，不再有壓迫感。你可以逐漸延長空閒的時間，四小時、半天甚至一天。

麗莎說：「我現在每星期都留下一個下午什麼也不做，所以能精神抖擻的面對生活，發現它不是負擔，而是享受。」

拋開一切事情，什麼也不做，一旦養成了習慣，你的生活將得到很大改善，把你從混亂無章的感覺中解救出來，讓頭腦得到徹底淨化。

Chapter 5

「寬容」的前提是理解

一個人有了海納百川、寬容豁達的胸懷，才更能彰顯令人敬仰的個人品格，才能善於採納別人的意見，促進自己的進步，贏得和諧的生活環境。當然，寬容豁達也不是沒有界線、不講原則的，忍讓和遷就的前提是理解，是超脫，而不是僅僅為了躲避矛盾的一味退縮和妥協。

01 寬容是融合人際關係的催化劑

英國詩人濟慈說：「人們應該彼此容忍，每個人都有缺點，在他最薄弱的方面，每個人都能被切割搗碎。」

一般人總認為，做了錯事得到報應才算公平。但每個人都有弱點與缺陷，都可能犯下這樣那樣的錯誤。作為肇事者要竭力避免傷害他人，但作為當事人要以博大胸懷寬容對方，避免怨恨消極情緒的產生，消除人為的緊張，癒合身心的創傷。

在日常生活中，難免會發生這樣的事：親密無間的朋友，無意或有意做了傷害你的事，你是寬容他，還是從此分手，或待機報復？有句話叫「以牙還牙」，分手或報復似乎更符合人的本能心理。但這樣做了，怨會越結越深，仇會越積越多。如果你在切膚之痛後，採取別人難以想像的態度，寬容對方，表現出別人難以達到的襟懷，你的形象瞬時就會高大起來，你的寬宏大量、光明磊落使你的精神達到了一個新的境界，你的人格折射出高尚的光彩。寬容，作為一種美德受到了人們的推崇，作為一種人際交往的心理因素也越來越受到人們的重視和青睞。寬容是解除疙瘩的最佳良藥，寬廣的胸襟是交友的上乘之道，寬容能使你贏得朋友和友誼。

既然，寬容具有這樣巨大的力量，那麼，我們該怎樣培養寬容的心態，去理解別人呢？

一、對傷害了自己的人表示友好

寬容是一種博大，是一種境界，是一種優良的人格體現，對曾經有意無意傷害過自己的人要有寬容的精神。這樣做雖然困難，但更能顯示出你的寬大胸懷和雍容大度。用你的體諒、關懷、寬容對待曾經傷害過你的人，使他感受到你的真誠和溫暖。也許有人會說，寬容別人是否證明自己放棄原則，太軟弱了？這種想法是偏頗的。其實，寬容是堅強的表現，是思想的昇華。

二、容忍並接受他人的觀點

人們都希望和那些懂得容忍自己的人相處，而不希望和那些時刻要對自己說長道短、挑三揀四的人待在一起。專門找別人缺點、動輒教訓別人的「批評家」，在生活中很難結交親密的朋友。另外，根據自己所確立的倫理和宗教方面的嚴格標準去要求別人投自己所好的人，誰見了都會退避三舍；而那些能容忍和喜歡別人以本來面目出現的人們，往往具有感動人和促使人積極向上的力量。當你想和朋友友好相處時，要尊重對方的人格和優點，容忍對方的弱點和缺陷，切莫試圖去指責或改變對方。

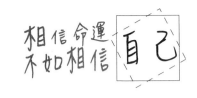

三、發現和承認他人的價值

容忍他人的不足和缺陷比較容易，而困難的是發現和承認他人的價值，這是一種更為積極的人生態度。每個人只要樂於尋找，一定能找出他人身上許許多多優點和長處。能發現和承認他人的長處，那就實現了人生價值的全部意義。只有既能容人之短，又能容人之長，才更顯出胸懷的寬闊、人格的高尚。

02 容忍別人的缺點

也許，你很願意嘗試去喜歡別人；然而，你的家人、朋友和同事中，卻有一些你看著不順眼的人。總是以惡為仇、以厭為敵是不行的，久而久之，你會無路可走，自身也會成為眾矢之的。不任性，不以個人的愛惡喜厭為標準去交往，才是正確的態度。在為了更愉快的與人相處，必須瞭解和遵守如下原則：

一、要正視人與人之間的差異

世界上的人都是有各自差別的，完全相同的人是不存在的。性格、愛好、觀點、行為不一致的人在同一範圍內生活相處，是很自然的。如果純粹以個人的愛惡喜厭來選擇交往的對象，那就只能生活在一個越來越狹窄的小天地。

二、要善於包容

和「小人」交往，並沒有降低你的人格。或許你會覺得那些性格觀點不一致的人，不應該以愛惡喜厭來處理與他的關係；但對於那些品質不太好，行為不太檢點，因而令你看不慣和不喜歡的人來說，和他過不去又有何妨呢？和他們交往豈不是降低了自己的人格？這種想法是不正確的。

就感情而言，這種人的確很令你憎惡和討厭，但這並不等於，和他過不去，更不應置之於死地而後快，只要他不是諱疾忌醫、不可救藥的人，就應當盡力和他溝通，滿腔熱情的接近他、感化他、幫助他。

這並不是降低人格，而是你具有高尚人格的明證。相反的，要是人家一有錯謬和不足，就得理不饒人，不置之於死地則不快，這不但暴露了自己人格的低下，而且顯得心胸也太過狹窄了。

三、應善於自省

非常可能，你和他有著相同缺點，才會覺得彼此格格不入。人一遇到和自己具有相同缺點的人，似乎波長會相合而產生共振，即刻產生厭惡的感覺。我們通常欲與某人融洽相處卻失敗時，首先會醜化對方，欲以排除，倒不如先謙虛的自省，改正自己的缺點，或是拔除厭惡對方之感的根源，這才是最重要的。

一位先生有如下體會，他說和對方關係好轉之後，「才知道原來他從前對我也同樣有厭惡的感覺，而且跟我唱反調，覺得我冷酷厭惡的理由完全和我的理由相同，這使我再度感到驚奇。」

四、要有容人之過的雅量

金無足赤，人無完人。所謂「容過」，就是容許別人犯錯誤，也容許別人改正錯誤。不要因為某人有過失，便看不起他，或抱持成見，或從此另眼看待對方，「一過定終身」。人非聖賢，孰能無過呢？誰都可能犯錯誤，這樣一般而論，可能比較容易。「容過」講的則是這樣一種「過」，它給自己帶來了一定的損害，或在某種程度上與自己有關。例如：同事有了過錯，夥伴有了過錯，或者是自己的家人有了什麼過錯等等。在這種情況下，能否有一種寬容的態度對待這種「過」，當然是衡量人的素質的一個標準。

「容過」是一種美德，就是要壓制或克服內心對於當事人的歧視，儘管自己心裡並不痛快，感到懊喪，但卻應該設身處地的為當事人著想，考慮一下自己如果在這種場合下會如何做，做錯了某事之後又有何種想法。當然，這裡需要「容」的是當事人本人，對於具體的事情本身，則應該講清楚，該批評的必須批評。

03 主動對別人表示友好

心理學家發現，人際間的情感交流是一件奇妙的事。例如你遠遠盯著某人的背影看，雖然一言不發，而對方背後也未長眼睛，但他往往能感覺到，並且會回頭看你。如果悄然的眼神傳遞都能使對方有所感應，心中對人的喜惡就更無法隱藏，而會在不知不覺中流露出來。

有一天，皮爾博士看見一輛車的後窗上貼著這樣的標語：「我認得的人越多，就越愛我的狗。」讀完他不禁感歎，不知怎樣的際遇使這位仁兄對人的信心盡失，以致必須公開宣示他的不滿？這世上有奸詐有真誠，就像天氣有陰有晴一樣。假如因為曾有的負面經驗便對人性普遍失望，豈非和自己過不去？

皮爾博士是著名的積極思想倡導者，他主張每日醒來便在心中灌注愉悅思想：「想著好的一日，感謝好的一日，計劃好的一日，祈禱好的一日，創造好的一日，帶著信心出發。」他建議我們，要發自內心的去喜歡別人：「喜歡人們，並使他們喜歡自己，是生活成功的祕訣。活在人的世界中，如果處處看人不順眼，日子將多麼難過！」

喜歡別人，也容易被別人喜歡；厭惡別人，也難以贏得別人的好感。因此，為人處世的最佳原則，是真誠的欣賞他人的優點，對人發出善意，引發良性循環而廣結善緣。如果把車窗上的標語改成：「認得的人越多，便越覺得世界更可愛。」不是溫馨多了嗎？天氣的陰晴無法控制，心靈的陰晴卻可自由掌握。

學習去喜歡別人，主動對別人表示友好，才能贏得有利於你的事業發展的人際關係。「你希望別人怎麼待你，你就怎麼待別人」是一則「黃金定律」。不久前，美國學者則提出了「白金法則」對這一古老的信條進行了修正。對於現代人來說，要使自己常立於不敗之地的關鍵和有助於改善人際關係的訣竅，就在於遵循「白金法則」：「別人希望你怎麼對待他們，你就怎麼對待他們。」

簡單的說，遵守這一原則，就是學會真正瞭解別人，然後以他們認為最好的方式對待他們，而不是我們自己中意的方式。這一點還意味著，要善於花些時間去觀察和分析他人，然後調整自己的行為，以便讓他們覺得更稱心和自在。它還意味著要運用我們的知識和才能去使別人過得輕鬆、舒暢，這才是「黃金定律」的精髓所在。所以，「白金法則」並不是游離於「黃金定律」之外獨樹一幟的東西。相反，你可以稱它為後者的一個更新的、更富有人情味的版本。與「黃金定律」相比，「白金法則」更進了一步。

在今天高度競爭和變化無常的環境裡，以你一廂情願的方式去對待你的同事、服務對象、合作夥伴和朋友顯然是遠遠不夠的。你還不得不去瞭解他們的需求——而且有能力滿足他們物質和精神的需求才行。你的成功，在很大程度上就取決於你如何應對他們的個人需要。

04 保護自己不受咆哮大王的傷害

在日常生活中，尤其是在一些無關大局、不涉及大是大非的問題上，盡可能的採取忍讓的態度，千萬不可輕易發怒。

在工作上，你是否遇到過對你敵意很深或是動不動就發火的人？和這種隨時都可能會暴跳如雷的人一起工作，是怎樣的情況呢？你最近一次被易怒的上司、同事、或顧客責罵，是什麼時候的事情？當這些人準備向你開火的時候，你又是如何應付的？有學者曾調查過數百位有類似經驗的上班族，發現若有人對他們咆哮，他們多半會被嚇得不知所措。

有些人描述了自己的反應：

「嚇得不知所措。」

「腦筋都打結了。」

「想要回罵對方，但是心裡明白對方位高權重，此舉不過徒勞無功而已。」

「想要哭但還是忍住了，因為在辦公室裡。」

「眼淚是賺不到同情的。」
「想要辭職。」
「想要報復此人，抵消對方一再羞辱自己的憤恨。」

這些人的反應你是否也感到熟悉？如果工作時有人當面羞辱你，或是不懷好意的算計你，你心裡究竟做何感想？

許多人在工作上遇到火爆性子的人，多半都會採取忍讓的策略，盡量避免自己牽扯太深。不幸的是，日復一日的逃避對方侮辱性的言行，並不能解決問題。消極的態度只會令對方誤以為你容許：「繼續罵呀！我不會介意的。」如果你坐視無理的言行氾濫，對方會認為你好欺負，而不斷把矛頭指向你。

此外，這種不當的情緒宣洩更損及你的身心健康。每天和這種不定時炸彈一起工作，就好比霧濛濛的午後，在濕滑的路面上穿梭在來往的車陣中。或許你會安慰自己車輛排放出來的廢氣對你毫無影響，但久而久之你就會發現，你的肺部早已堆滿了廢氣，行動也漸漸遲緩。即使不會立刻出現不適的症狀，但是，無理的咆哮終究或多或少會侵害到你的健康。

有不少人因為必須和這種火爆性子的人一起工作，而付出了可觀的代價。其中包括：被對方怒斥卻不知如何應對，會帶來身體不適的徵兆。有些人就患有胃痛、痙攣、皮膚過敏、或是偏頭痛的毛病；有些人則感到沮喪、緊張、甚至是心灰意冷。

你是否注意到，自己也因為同樣的問題而產生了一些身體或心理上的不適？這樣的問題是不是一直在侵蝕你的健康呢？當你獲悉必須和那位咆哮大王相處時，原先的症狀往往會更加惡化。

一位女士就說過：「如果我能夠請一個星期的假，甚至是休息一個週末，我就覺得自己健康、朝氣蓬勃。但是，在回到工作崗位上的前一晚，我不是開始覺得頭痛就是胃又不舒服了。最近工作很不順心，我一直有腹瀉的現象，好幾天沒有胃口。這樣下去我恐怕活不成了。」

如果你的周圍出現了咆哮大王，可能會讓你犯下更多的錯誤，也可能讓你遺漏或疏忽了重要的事情。當咆哮大王對你頤指氣使的時候，你的工作表現如何？根據一些調查報告顯示，在權威式的領導下，恐懼與焦慮的增加會造成錯誤和意外發生的次數大幅度增加。當你意識到有人隨時會對你發火的時候，就很難再專心的工作或是發揮個人的創意。

此外，由於你的心思都轉移到對方的一舉一動上面，你的記憶也會受到影響。

因此，你或許會把東西放錯地方、弄丟，或是無法集中精神注意細節問題。如果你出現了這些失常的表現，奉勸你應當即刻用適當的策略著手改善，否則問題勢必會愈來愈嚴重。

和充滿敵意或是脾氣暴躁的人一起工作，最大的挫敗感來自於對方雖然一犯再犯，卻安然無事，這往往是因為眾人默不做聲而縱容了對方。當事人可能會在午餐時間或關起門來私下抱怨，但多數時候，你聽到的都是對咆哮大王無可奈何。舉例來說，你是否曾經聽過人們這樣抱怨咆哮大王？

「他簡直就是魔鬼，但畢竟他為公司賺了不少錢。」

「她簡直不可理喻，但是沒有人敢跟她作對。」

「他實在太過分了。但是大家都怕他怕得要命，誰還敢設法改善情況。」

「她是公司的大客戶。所以就算她發瘋，也沒有人敢回嘴。」

「他是個不折不扣的混蛋。但是這個行業裡大多數居上位的也如出一轍。」

「我一直忍受對方給我的侮辱，甚至不曾說過一個抱怨的字。」

緘默的態度縱容了對方的惡言惡行，而我們卻不自知。如果，這種人因為能夠替公司賺進鈔票而陞官發財，恐怕就會更有恃無恐的繼續傷害周遭的人。

多數工作上的咆哮大王都很醉心於自己帶有侵略性的言行，而公司的加薪與提拔無形中更鼓舞了他們的信念。如果你的公司只在乎員工的業績表現，無視於不當言行所造成的傷害，你該如何反應？當人們在工作上遭到無理的辱罵時，往往遲疑上好幾天、甚至好幾個月才會想到要著手改善情況。你雖然在同事面前被罵得一文不值，但是，大庭廣眾之下，畢竟不好表露出內心的難過和沮喪。或者，就算是你被暴躁的上司、同事或顧客責罵，你卻忙得無暇顧及私人的感受。

為了能夠重新做好心理防禦，有效的因應各種無理的咆哮，你必須在對方破口大罵的同時就有足夠的心理準備。當工作中有人對你咆哮不已的時候，若想要放鬆自己的心情並集中精神的話，你不妨在心裡重複默唸：「姑且聽聽對方的意見。千萬不要生氣，讓對方生氣好了。」如此一來，無論對方的言辭何等侮辱人，你都能保持心靈的平靜而不會像對方一樣冒起無名火。如果你能夠在類似的狀況下反應練習，將會驚訝的發現自己不但怒意全消，更能夠從對方的言辭當中過濾出寶貴的訊息。

為了保護你自己不受咆哮大王的傷害，不妨試著從對方的容貌上找出一處最滑稽的地方。當對方破口大罵的時候，你就在心裡想著對方最滑稽、最好笑的特徵，千萬別讓對方知道你究竟在做什麼。

你可以直言：「閉嘴！我不喜歡你這種語氣和態度。」這種直接了當的方式，對於許多工作壓力大的人有相當的幫助。這種直接簡單的表白等於是告訴對方，你是有自尊、有專業精神，絕不會讓他隨意踐踏你的人格。當你以坦白但不具威脅的方式保護自己的時候，對方也就不能再把你視為可以欺負的受氣包了。

05 不可放縱自己的情緒

學歷高、能力強、經歷多、見識廣，未必能改善一個人的人緣，他們照樣可能陷入苦悶。

托尼在美國中部一個大製造公司做了四年的人事主管，他有一個體面的心理學學位。他自稱適度自信，性格外向，對自己的生活道路大體上是樂觀的，工作順利，婚姻幸福。然而，他卻常常陷入一種莫名的不快中。他承認：「我總覺得自己失去了什麼。我在工作中並不很受歡迎，因為我對同事們從沒有真正的親密感。或許在內心深處，我不相信任何人。即使跟妻子瓊在一起，我大多數時候也是小心謹慎。當有人直接了當的問有關我自己的問題時，我通常閃爍其詞。作為人事主管，我需要人們的支持和信任。但我感覺他們有點兒躲著我，甚至提防我。或許他們是在回報平日裡我對他們的喜怒無常和神經質吧！」

托尼的想法沒有錯，正是因為他不善於控制自己的情緒，喜怒無常，讓人覺得他有神經質，同事們才躲著他。

再來看一個例子：

安娜是一個辦公室的管理人員，具有豐富的工作經驗，為其公司中相當數量的辦公室成員承擔著廣泛的責任。她與丈夫離婚了，和十多歲的兒子和女兒住在一起。她的煩惱是：「我總是無法克制的經常向別人發脾氣，雖然事後常常後悔，但又總也控制不了自己的惡劣情緒。我們辦公室的職員流動相當快，所以對大多數的人很難有真正的瞭解，而我週期性的與這樣或那樣的人發生口角。我試圖強硬些，也試圖親切愉快些，可什麼都不管用。如果我粗暴強硬，他們就怨恨不滿並予以回擊；而如果我態度可親，他們又覺得我軟弱可欺，想趁機利用我。我在家裡的問題也無法解決。我的孩子們都怨我把時間和精力放在工作上，這使我感到我令他們失望了。但更令我自己失望的是，我即使付出這麼多的代價，卻仍然得不到同事們的理解和擁戴。我曾失落之極，認真考慮過辭職。可是，我在個人生活上已感覺失敗，如果現在辭職，那麼我在職業上也失敗了。」

那麼錯在哪裡呢？托尼與安娜顯然都是成功的職場人士，他們的工作涉及到操縱其他同事但又離不開他們的支持和擁護，他們要麼有不錯的學位和職位（像托尼），要麼有長期的工作經驗（像安娜），但顯然他們卻都不覺得對工作駕輕就熟。

而他們的共同癥結就在於，不能信任同事，尊重同事，無法良好的管理、控制自己的情緒，結果既傷害了自己，又得罪了他人。

我們經常會發現，一個平日工作勤懇、業務熟練的人卻是難以受到大家的歡迎，就因為他不善於控制自己的情緒。他們往往總是自以為是，容不得任何批評建議，常怒氣沖沖，向同事發脾氣，或是為一點小事到處抱怨，牢騷滿腹，氣話連篇。

眾所周知，人與人之間的情緒是會互相感染的，有時自己控制得還不錯的情緒，一下子就被別人破壞了，而別人的情緒也常常被自己「染污」。問題是，誰都討厭無故傷害別人情緒的人——哪怕他是為了工作，為了「正事」。

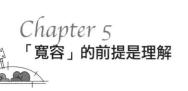

其實，上班也如同演戲。後者演的是角色，與真我不見得相同；而前者要演的也是種種角色，不見得與真我完全一致。好演員能很快「入戲」，並且可以將戲裡戲外分得很清，又看不出虛偽的矯揉造作。因為他能夠收放自如的執行工作，把自己原來的情緒放在一邊，專心配合上司、同事的工作要求，表現出適當的情緒，從而製造了一個輕鬆、合宜的氣氛，既有利於同事也表現合理的情緒，也無疑會令自己受歡迎。毫無理智的放縱自己的情緒，實在是聰明的「上班族」不肯為的行為。

控制好自己的情緒是非常重要的。每個人的情緒都會時好時壞。學會控制情緒是我們成功和快樂的要訣。如你覺得傷心時，應設法找出失掉的是什麼？失掉了，今後能在哪裡取得補償？如你發怒的時候，要自問：「誰得罪了我？怎樣得罪的？我對那個人說了些什麼？我本來要說些什麼？為什麼我沒有說呢？」如果你感到內疚——要知道，大多數內疚來自壓抑的憤怒，而忿怒又是因心靈受傷害而產生的，那麼解決的方法是，應該查出心靈所受的傷害，再把忿怨引回原來它應該發洩的地方。

06 面對嫉妒，你的對手其實是自己

在生活中，當你感受嫉妒之際，必然置身某種競爭。你的目標是擊敗「對手」，但你卻經常不知道究竟對手是誰，是什麼。是你的工作同仁？抑或同仁在辦公室所耗費的時間？是你朋友的新裝，抑或你朋友穿著新裝的模樣？抑或是你的朋友？是你隔壁的鄰居？還是你隔壁鄰居美麗的後院花園？

你或許以為你嫉妒某人，但後來仔細觀察卻發現，你嫉妒的並不是這個人，不是他的作為，也並非他所擁有的一切。其實，嫉妒來自對自己的興趣和自毀的傾向，你會嫉妒，是因為你拿自己和別人相比，看到自己的表現，發現其他人更好、更多、更有吸引力等等。你參加的是一面倒的戰爭，你的對手其實是你自己。

嫉妒常被稱為綠眼睛的惡魔。如果你對某人懷有嫉妒之心，可以確定的是，它不僅會傷害到你這些情緒所直指的人，而且你自己所受到的傷害可能更甚於他們。

嫉妒就像疾病一樣，它會在你體內不斷損害侵蝕你。有心理學家指出，一般說來，嫉妒常常帶來嚴重的後果：

✓謀殺。亞當之子該隱之所以殺害他的弟弟亞伯，就是因為嫉妒他的弟弟。

✓背叛。約瑟的兄弟之所以把他賣到埃及當奴隸，就是因為嫉妒他是父親最愛的兒子。他們無法忍受看見他身上所穿外套的華麗。

✓友誼破裂。有一位中年的新聞從業人員，他非常嫉妒他一位出名的小說家朋友，也嫉妒他朋友所出的書。而另一方面，他那位小說家朋友卻嫉妒這位新聞工作者由於一篇大眾皆知的出色報導，而被提名角逐普利茲獎，因為這個獎項是那位小說家根本沾不上邊的殊榮。結果，這兩位朋友從此話都不說話了。

底特律常被稱作「車城」，就跟紐約是「大蘋果」一樣。而全美國最成功的唱片工業之一即是始於車城，那就是車城唱片公司。車城捧紅過許許多多的歌星，像顛峰合唱團、黛安娜．羅斯、傑克遜家族、羅賓森、史蒂夫．汪達和馬文．蓋等等。如果假定這些表演工作者很可能成為娛樂圈裡其他人羨慕和嫉妒的目標，是很合理的事。事實上，演員、歌星和舞蹈演員所面對來自其他同行的嫉妒，可能是其他人遠不及的。這或許是因為他們收入高，影迷歌迷們對他們的崇拜等待，以及他們擁有的廣大影響力。

然而，不時有一些已經紅了二、三十年的演藝人員，公開表示對某些新出現的歌星、舞星和演員的支持。老一輩的佼佼者已將這種美德發揚光大，他們明白，對新出道人員羨慕與嫉妒是無濟於事的。那些新出道的人，為了能夠大紅大紫，當然要付出相當的代價，就像那些已經成名的人當初所做的一樣。不論它表現在哪一方面，才能才是最重要的；而我們對於他人的成就所感受到的情緒，應該只有為對方感到驕傲。

當你努力攀登頂峰時，要把對他人的嫉妒轉化為對他們的成就感到驕傲。不要只是說：「我希望能夠跟他或她一樣。」你應該腳踏實地去做一些事，才能使得自己跟他或她一樣有成就。既然羨慕與嫉妒的情緒並不能讓你由板凳隊員成為場上主力，你為什麼還要坐在場邊任由這種情緒氾濫呢？

如果你總是在擔憂別人在做些什麼，以及他們是如何做的，你會發現，你攀登頂峰的路途將是備感艱辛。當你眼見別人表現得非常好，看到他們的成功或者正在享用勝利的成果，就好好看看他有什麼是你可以借鑒的。可能只是一個微笑，也可能是他的態度、一句好話、一段時髦的話語。在你察覺之前，你早已經把你的嫉妒心拋到九霄雲外，同時你也將自己的本領累積起來了。

07 化解矛盾要先從自己做起

有人批評林肯總統對待政敵的態度：「你為什麼要試圖讓他們成為朋友呢？你應該想辦法去打擊他們，消滅他們才對。」

林肯總統溫和的說：「我難道不是在消滅政敵嗎？當我使他們成為我的朋友時，政敵就不存在了。」看來林肯非常懂得化解糾紛、做好人際關係的祕訣。

一個人即使為協調人際關係做出了很多努力，事實上仍然不能完全免除與別人的衝突。只要人們之間發生交往，就會或多或少產生矛盾，這是由人的天性所決定的。

發生矛盾的原因不外乎這麼幾點：

✓觀點不同。這是人們之間發生衝突的最主要的原因，多見於上司與下屬之間，也經常發生在學術界。由於立場或觀察的角度不同，人們對同一個問題產生不同的看法，人們之間便相互產生矛盾和隔閡，進而導致雙方互存偏見，相互攻擊，以至發展到勢不兩立的地步。

✓興趣相異。這類衝突多發生在同事之間、鄰里之間。不同的人有不同的興趣和愛好，有不同的優點和缺點，甲所崇尚的東西乙未必就崇尚，乙所追求的東西甲可能嗤之以鼻。世界上沒有兩片相同的樹葉，也沒有兩個志趣完全相同的人。俗話說：物以類聚，人以群分，志趣不同的人，是難以建立密切的聯繫的。

✓感情不和。這類衝突主要發生在親屬之間，如：夫妻衝突、婆媳衝突、父母與兒女之間的衝突等。家庭是一個人生活的主要場所，如果後院經常起火，一個人是難以把精力和注意力全都投入到事業上的。一個在事業上建立了輝煌成就的人，必定離不開家庭的支持。一個成功的男人背後必定有一個做出巨大犧牲的女人，反之亦然。

✓個性牴觸。性格、氣質不同甚至相反的人，相互之間也會產生衝突。例如：一個急性子人，會看不慣一個慢性子人做什麼事都磨磨蹭蹭；一個慢性子人，又會抱怨一個急性子人做什麼都急急忙忙。總之，這兩種人常常互相不能理解和諒解，結果便產生一些矛盾。

✓產生誤會。人和人相處，即使主觀上不想發生磨擦，但仍然難以避免產生一些誤會，有些誤會甚至還是根深蒂固、難以消除的。在影視作品裡，我們經常會看到因誤會而紛爭的例子。其實，類似這樣的誤會在現實生活中不知有多少。

✓發生糾紛。生活中有些衝突是隱性的，比如志趣不同的兩個人之間的衝突未必就公開化，但是也有不少矛盾是會激化的。例如：同事之間、鄰里之間，甚至兩個陌生人之間，都往往會因一點小矛盾而發生顯性的衝突，輕則產生口角，重則拳腳相加，以至於發展到不共戴天之仇。

產生矛盾的原因有很多，但是歸根究底還是由於諸如狹隘自私、敏感多疑、剛愎自用等人性的弱點造成的。人們思考和處理問題往往習慣於從自我出發，平時疏於與別人理解和溝通，因而出現矛盾後，總認為真理在自己手中，別人都是錯的。

發生這樣那樣的衝突，應該說對雙方都是不利的，必然會對各自的事業產生消極的影響。一個想要成就一番大事業的人，必須設法避免不必要的衝突，千方百計的消除各種矛盾，使自己有一個寬鬆和諧的工作和生活環境。那麼，一個想成就一番大事業的人，如何才能防止與別人產生衝突呢？

✓要胸懷寬廣，高瞻遠矚。凡事講大局，講合作，調動一切積極因素，為一個共同的目標而努力。

✓要注意調查研究。及時掌握對方的思想動態，努力化解各種矛盾，防患於未然，減少或完全消除人們之間的隔閡。

✓以理解的眼光看別人。要懂得，大千世界是五彩繽紛的，人也是各式各樣的。別人不可能完全與我們有一樣的志趣，我們不能像要求自己那樣要求別人，每個人都有自己的個性和特點，有不同的長處和短處。

✓寬容別人的過錯。要明白，世上沒有十全十美的人，包括自己在內誰都有缺點，誰都有可能犯錯誤，要給別人改正錯誤的機會，就像希望別人也原諒自己的過失一樣。對別人要求過高就會曲高和寡，對別人太苛刻就會拒人於千里之外，對別人挑三揀四，就沒有人與我們共事。

✓除非是關係到大局的問題要搞清楚是非曲直之外，對一些無關緊要的事，不能抓住不放，要大事化小，小事化無，甚至有意裝糊塗。絕不應把簡單問題複雜化，本來沒有多大的事，卻非要弄個水落石出，論出個我是你非，結果引發彼此的爭執，甚至是衝突。

✓主動去化解矛盾。冤家宜解不宜結，即使有了矛盾，也應開誠布公，設法尋求理解和溝通，就事論事，不要把矛盾擴大，要善於反省自己，以自己的真誠換取別人的理解。

總之，減少和化解矛盾要首先從自己做起，記住你如何對待別人，別人也會如何對待你，要走進別人的心靈，自己就要首先敞開胸懷。

08 不要對別人的批評和指責太敏感

戴爾．卡內基說：「我相信，我們內心的平靜和我們在生活中所獲得的快樂，並不在於我們身處何方，也不在於我們擁有什麼，更不在於我們是怎樣的一個人，而只在於我們的心靈所達到的境界。在這裡，外界的因素與此並無多大的關係。」

在日常生活中，即使被別人說了無聊的閒話，被人當作笑柄，被人騙了，或者被某一個我們最親密的朋友給出賣了……也千萬不要縱容自己，只知道自憐。應該時刻提醒自己，雖然我們不能阻止別人不對自己做任何不公正的批評，卻可以做一件更重要的事，即可以決定是否要讓自己受到那些不公正批評的干擾。

林肯要不是學會對那些謾罵置之不理，恐怕他早就受不住內戰的壓力而崩潰了。他寫下的如何處理對待批評的方法，已經成為了文學上的經典之作。第二次世界大戰期間，麥克阿瑟將軍曾經把它抄下來，掛在總部的辦公桌後面。而邱吉爾也把這段話鑲在框裡，掛在書房的牆上。這段話是這樣的：「如果我只是試著要去聽——更不用說去回答所有對我的攻擊，就簡直無法做成任何事情了。因此，我只能用我所知道的最好的辦法，盡我的最大努力去做，去努力把事情做完、做好。如果結果證明我是對的，那麼人家怎麼說我，就無關緊要了；如果結果證明我是錯的，那麼即使花十倍的力氣來說我是對的，也沒有什麼用。」

每一個想成功的人，都不要為別人的批評而煩惱，太在意別人批評的人都會局限於狹窄的範圍內，而讓自己失去了更廣闊的天地。如果你立志要有一番作為、要成功，那麼，就要盡量豁達一些，學會保持平靜的心，不要為別人的批評而煩惱。

Chapter 6 自信將是幸福的保障

通常，一個成功者和一個失敗者的技術、能力和才智差異並不很大。假使有兩個人，有同等的能力、才智、體力與其它的重要特質，會出人頭地的總是那個充滿自信的人。同時，一個能力平平卻抱持著強大自信的人，往往能超越一個能力很強卻毫無自信心的人。

許多人一事無成，是因為他們低估了自己的能力，妄自菲薄，以至於縮小了自己的成就。有強大自信的人，可以化渺小為偉大，化平庸為神奇。

01 向上的心靈是決定一切的力量

足夠的自信、奮發向上的心靈具有決定一切的力量。無論你現在所處環境如何惡劣，地位如何低下，只要你擁有一顆高貴的心靈，你就絕不會甘於平庸，就會有一種偉大的力量支撐你不斷的向上走。而這種不斷向上走的力量，正是人類所有精神財富中最寶貴的遺產，也必將引領你走向成功。

有這樣一個古老的印度傳說：

有一段時間，地球上所有的人都是神，但人類是如此罪惡並濫用神權，以至於梵天——一切眾生之父，決定應該剝奪人類所擁有的神性，並把它藏到人們永遠也不會重新發現的地方，以免他們濫用它。「我們將把它深埋於地下。」其他的神說道。「不，」梵天說：「因為人們會挖掘到地層深處並發現它。」「那麼我們將把它沉於最深的海。」眾神們說道。「不，」梵天說：「因為人類會學會潛水在海底發現它。」「我們將把它藏於最高的山上。」眾神們說。「不，」梵天說：「因為人類總有一天會爬上地球的每座山峰，又會捕獲到神性。」「那我們實在不知道應把它藏在哪裡，人類才不會發現了。」這一小部分神說道。「我會告訴你們，」梵天說：「把它藏在人類自己身上，他絕不會想到去那裡尋找。」諸神贊成。

他們就這樣做了，於是把「神性」藏在我們每個人身上。自從那時起，人類一直遍訪世界，藉由挖掘、潛水和攀登尋找神性，而這種神性卻一直隱藏在他自己身上。

一位成功學大師指出：我們每個人都是有神性的，這種神性就是上帝埋在我們心靈裡的種子，它具有成長的力量，具有使人能達致嚮往的那種力量。這種神性就決定了我們每個人都是高貴的，只是我們大多數人都沒有尋找到或者說挖掘出這種神性，以至於我們都平庸了。神性是高貴的。因此，我們的心靈也應該高貴，這種高貴的心靈就像一束火花。正是由於有這束火花，我們才敢向人生挑戰，並把它變成一堆火焰。我們必須重新捕獲的，正是由它所發出的光輝。它是某種真實的東西，某種深藏在我們心靈裡的東西。正是由於它的存在，才使得我們能在人生中創造奇蹟。

拿破崙雖然出生在科西嘉貴族家庭，可是初到法國時，也只是一個普通的軍校學生。但是，他始終有著一顆高貴的心靈。這正是他日後成就偉業的基礎。

拿破崙身材矮小，但內心卻十分自信、甚至有些狂傲。他宣稱，他的佩劍只有劍帶屬於法國，劍刃卻由他自己掌握。拿破崙十分迷戀盧梭等人的啟蒙思想，為盧梭那種慷慨激昂的語言、熱情奔放的思想鼓舞著。他在手稿中寫道：「一個十分狡猾的兇手在謀殺了合法君主並成功的竊取王位後，同樣受到上帝法律的保護……人民比篡權者有更多的權力去驅逐一個篡權的君主。」

拿破崙在少年時就向君主的權力發起了挑戰。其實，他一生都是一個高傲的人。在土倫之戰中初露鋒芒立下大功不久，由於法國內部的政治鬥爭，他被押入了監獄。出獄後，一無所有的拿破崙奔走於革命新貴的門前，卻怎麼也低不下他那倔強的頭顱。拿破崙天生就是一個要做大事的人，他不能忍受平庸的生活。在那段沒有事業可為的日子裡，他心情鬱悶，不修邊幅，頭髮蓬鬆，一副惹人生厭的外表，甚至無心戀愛，身體上也顯出了病態。巴爾扎克充滿同情的寫道：「你要有種，你就揚著臉一直往前衝。可是你得跟妒忌、詆謗、庸俗戰鬥，跟所有人戰鬥。」

但拿破崙並沒有被命運擊倒，他在積極進行著準備。不久，保王黨成員發生叛亂，由於巴黎沒有合適的軍事人才，黨員不得不請閒居的拿破崙出來指揮軍隊。面對八倍於己的敵軍，拿破崙臨危受命，鎮靜自若，運用高超的軍事才華，只用一個小時就擊潰了叛軍。

正如一句西方格言所說：「人生雖然漫長，但緊要之處卻只有幾步。」拿破崙抓住了僅有的兩次人生機遇，使平淡的人生立即綻放出異彩。一夜之間，拿破崙一躍成為手握首都軍事和治安大權的炙手可熱的人物。他的面前展現出一片錦繡前程。拿破崙卻不屑於此，這樣的功勳遠沒有為他攫取最高權力提供充分的條件。他不願把自己埋沒在巴黎的輕佻生活裡；也不願以自己的權力周旋於各種派別和權貴門前；他寧願直中取，不願曲中求。於是，他毅然放棄了別人夢寐以求的職位，謀求了一個沒有多少實力的陸軍司令職位，為的是能統兵在外。

拿破崙心中熾烈的燃燒著施展軍事才華、成為偉大統帥的強烈慾望，這種慾望不斷的驅使他去成就一番轟轟烈烈的事業。正是他說出了那句影響了很多人的名言：「不想當元帥的士兵不是好士兵。」慾望加才華就能形成一種堅定的力量，正是這種力量使他最終成了傲視歐洲的雄獅。他本人也成了鼓舞幾代年輕人個人奮鬥的目標。

記住：在心靈裡種下的是卑微的種子，你就只能收穫卑微；而種下的是高貴的種子，你就將收穫高貴，成為一個高貴的人。

02 充分相信自己的能力

自信心是比金錢、勢力、家世、親友更有用的條件。它是人生可靠的資本，能使人努力克服困難，排除障礙，去爭取勝利。對於事業的成功，它比什麼東西都更有效。

在文學名著《簡愛》中，財大氣粗、性格孤僻的莊園主羅傑斯特，怎麼會愛上地位低下而又其貌不揚的家庭教師簡愛呢？因為簡愛自信自尊、富有人格的魅力。當主人羅傑斯特向她吼叫「我有權蔑視妳」的時候，歷經磨難的簡愛用充滿超人的自信和自尊及由此帶來的鎮靜語氣回答：「你以為我窮，不好看，就沒有感情嗎？……我們的精神是平等的，就如同你和我走過墳墓，同樣的站在上帝面前。」正是這種自信的氣質，使她獲得了羅傑斯特由衷的敬佩和深深的愛戀。

簡愛這個普通婦女的藝術形象，之所以能夠震撼和感染一代又一代各國讀者的心靈，正是她以自信和自尊為人生的支柱，才使自己的人格魅力得以充分展現。

一位學者指出：相貌平平者，不必再為你的貌不驚人而煩惱，因為「一個人越自信，他的性格越迷人」。增加幾分自信，我們便增加了幾分魅力。

假使我們去研究、分析一些有成就的人的奮鬥史，我們可以看到，他們在起步時，一定是先有一個充分信任自己能力的堅強自信心。他們的心情意志，堅定到任何困難險阻都不足以使他們懷疑、恐懼。這樣，他們就能所向無敵了。

我們應該覺悟到「天生我材必有用」；覺悟到造物育我，必有偉大的目的或意志，寄於我的生命中。萬一我不能充分表現我的生命於至善的境地、至高的程度，對於世界，將會是一個損失——這種意識，一定可以使我們產生出偉大的力量和勇氣來。

麥克阿瑟在西點軍校入學考試的前一晚緊張至極。母親對他說：「如果你不緊張，就會考取。你一定要相信自己，否則沒人會相信你。要有自信，要自立。即使你沒通過，但你知道自己已全力以赴了。」放榜後，麥克阿瑟名列第一。

奧里森．馬登說過一段耐人尋味的話：「如果我們分析一下那些卓越人物的人格特質，就會看到他們有一個共同的特點：他們在開始做事前，總是充分相信自己的能力，深信所從事的事業必能成功。因此，他們在做事時就能付出全部精力，排除一切艱難險阻，直到勝利！」

當我們相信自己能做出最好的成績時，我們不僅會發現自信提高，而且會發現自信會有助於我們的表現。因此，在生活中我們要努力培養自信心。

與金錢、勢力、出身、親友相比，自信是更有力量的東西，是人們從事任何事業最可靠的資本。自信能排除各種障礙、克服種種困難，能使事業獲得圓滿的成功。

Enjoy life...
HAVE A NICE DAY.

03 認識自己的優缺點

瞭解自己最重要的，是要瞭解自己的優點和缺點。其實，能真正認識到自身優點和缺點的人並不多。為了樹立足夠的自信，首先要深入而全面的瞭解自己。瞭解自己比瞭解別人更重要。如果一個人連自己都不瞭解，他又怎能做好人生的戰略部署呢？

認識自己往往比認識別人更難。認識別人，你是站在客觀的角度以客觀的標準去衡量的；但認識自己卻不一樣，認識自我受到主觀意識的支配，增加了認識的難度。那麼，該如何正確認識自己的優缺點呢？如下建議可供參考：

一、借助於外力

認識自己必須站在客觀的角度。就如同照鏡子一樣，人在沒有外力幫助的情況下無法看清自己的面貌，但給他一面鏡子，他就能清楚的看清自己的模樣。同樣，你可以透過別人對你真實、客觀的評價瞭解自己。

二、主動排除主觀因素的干擾

完全站在客觀的角度分析自己，解析自己。把自己的思想、言行獨立於己身，自己作為一個陌生人對己分離的自己進行評價。「人貴有自知之明」，勇敢的承認自己的優點，勇敢的面對自己的缺點，借自己的慧眼先把自己看清楚，才能明確努力的方向。

三、留一點時間反省

許多人終日忙忙碌碌，到處奔波勞累，奮鬥不息，從沒想過稍稍停下來留一點時間思考。你每天和同事、朋友、家人打交道，有沒有時間和自己進行一次對話？不要說沒時間，不要吝惜你的時間，留一點時間反省自己益處多多。

俗話說：批評別人易，反省自身難。人們常常喜歡在別人身上挑毛病，這樣也不好，那樣也做得不對。出現問題，總是別人的錯誤造成的，而自己好像一點兒錯也沒有。殊不知，反省自我，以自身作為對象進行突破，產生的結果是讓自己進步更快一點，離成功更近一些。

自卑者常常看不到自身的優點和長處，而自負者也很難發現自己的缺點和不足。瞭解了自身的優點和缺點，進而揚長避短，這是贏得成功人生的基礎。

04 肯定自己，接納自己

「你之所以感到巨人高不可攀，只是因為自己跪著。」不信？請站起來試一試，你一定能發現自己並不注定比別人矮一截。許多事情別人能做到的，自己經過努力也能夠做到，重要的是接納自己，對自己要做肯定的評價，對自己的優點和力量要有自覺。對自己的看法消極，缺乏自信常常是性格軟弱和事業不能成功的主要原因。

有一個美國醫生，他以擅做面部整形手術馳名遐邇。他創造了許多奇蹟，經整形把許多醜陋的人變成漂亮的人。他發現，某些接受手術的人，雖然為他們做的整形手術很成功，但仍找他抱怨，說他們在手術後還是不漂亮，說手術沒什麼成效，他們自感面貌依舊。於是，醫生悟到這樣一項道理：美與醜，並不在於一個人的本來面貌如何，而在於他是如何看待自己的。如果一個人自以為是美的，他真的就會變美；如果他心裡總是嘀咕自己一定是個醜八怪，他果真就會變成尖嘴猴腮、獐頭鼠目，生出一臉醜相。一個人如自慚形穢，那他就不會變成一個美人；同樣，如果他不覺得自己聰明，那他就成不了聰明人；他不覺得自己心地善良，那他也就成不了善良的人。

心理學家從一班大學生中挑出一個最愚笨、最不招人喜歡的女孩，並要求她的同學們改變以往對她的看法。在一次郊遊中，大家都爭先恐後的照顧這位女孩，向她獻慇勤，陪送她回家，大家認真的打心裡認定她是位漂亮聰慧的女孩。結果怎樣呢？不到一年，這位女孩出落得嫵媚婀娜，姿容動人，連她的舉止也判若兩人。她高興的對人們說：她獲得了新生。確實，她並沒有變成另一個人——然而，在她的身上卻展現出每一個人都蘊藏的美，這種美只有在我們相信自己，周圍的所有人也都相信我們、愛護我們的時候，才會展現出來。成功的規律不是說只要接納自己就能成功，而是說不接納自己就無法成功。自卑的人雖也看到身邊有許多有利條件和時機，但他總認為這些條件和時機是為別人準備的，與自己並不相干，甚至自己根本不接受這些條件和機會。因此，他們就不努力奮鬥，也沒有和別人競爭的勇氣。自卑的人就是這樣替自己設置障礙。沒有一個人能越過他自己所設置的障礙。

生活裡與其做個超人，不如做個凡人。前者孤獨，高處不勝寒；後者自在，左右逢源。確實，完人並非具有最大的吸引力，再說也沒有完人。那麼，我們為什麼要戴著面具充當完人，這多虛偽、多荒唐、多累人！而且吃力不討好。天下沒有一個完美的人，所以天下人對不完美的能人更感興趣，也更易產生共鳴。

斷臂維納斯令人遺憾，但也使人感到親切可人，因為每個人心中都可以為她準備一雙美麗的手，那麼等於每一顆心都接納了她。

許多人以為，信心的有無是天生的，不變的。其實並非如此。童年時代受人喜愛的孩子，從小就感覺到自己是善良、聰明的，因此才獲得別人的喜愛。於是，他就盡力使自己的行為名副其實，造就自己成為自信的人。而那些不得寵的孩子呢？人們總是訓斥他們：「你是笨蛋、窩囊廢、懶鬼，是個游手好閒的東西！」於是，他們就真的養成了這些惡劣的品質。我們每個人心目中都有各自為人的標準，我們常常把自己的行為與這個標準進行對照，並據此去引導自己的行動。因之，我們要使某個人變好，就應對他少加斥責，要幫助他提高自信力，修正他心目中的做人標準。如果我們想進行自我改造，進行某方面的修養，我們就應該首先改變對自己的看法。不然，我們自我改造的全部努力便會落空。

養成了自信的習慣，真實的呈現自己，實際上就是解放自己。於是，有了個性鮮明的自我，也有了創造性的自我，更有一個受人歡迎的自我。只有這樣，才能不失真我，同時又贏得了世界。

05 用心理暗示法誘導自信

愛默生曾經指出：「習慣是一個人思想和行為的支配者。」休謨也說過：「習慣是人類生活最有力的嚮導。」缺乏自信是一種心理習慣，它就和其他習慣一樣，是後天養成的，是可以透過長時間的努力而加以改變的。

起初是我們形成習慣，可是到後來，卻是習慣支配我們的思想和行動。習慣可以在不知不覺中形成，也可以有意識、有目的去培養。特別是好習慣，大多是在有意識的訓練中培養出來的。因此，一個不願意虛擲生命的人，是會有意識、有步驟的培養自己的自信心，努力使自己養成自信的習慣。下面介紹幾種行之有效的方法：

✓在心靈深處，對自己的未來發展，要形成一個穩定、恆久的遠景目標和規劃。牢牢的把握這一目標，切不可讓它消失。我們要在精神中尋求，使這一目標更加明晰。絕不要把自己想像為一個失敗者，絕不要懷疑我們的目標的實現。因為我們的精神一直在為我們目標的實現而努力。所以，不管當下的情況是如何的糟糕，我們都只能設想「成功」。

✓無論何時何地，只要影響我們的消極思想一產生，理性的聲音、積極的思想就應立即把它驅逐出去。

✓在想像中，不要設置任何障礙物。要藐視任何一個所謂的障礙，把它們減少到最低限度。對困難一定要經過研究，採取切實有效的辦法把它們消滅。但是，只有當困難確實存在的時候才能考慮對策。千萬不要因為畏難心理而高估它們。

✓不要因為敬畏別人而模仿別人。偉人們之所以高不可及，那是因為我們自己跪著。記住：大多數的人雖然表現出自信，但他們也經常像我們一樣感到恐懼，對自己表示懷疑。

✓每天把這句能產生力量的話唸誦十遍：「如果我們自信不可戰勝，誰還能抵擋我們呢？」

✓找最瞭解你的朋友或一個合適的咨詢人士，讓他幫助我們找出做錯事的原因。瞭解我們自卑和信心不足的根源，它們往往是從一個人孩童時代開始的。認識自我是一條很重要的線索。

✓每天唸誦下面這句話十遍，如果可能請大聲唸出來：「我有足夠的自信，我有足夠的力量，凡事都能做到。」這種積極的暗示對幫助你相信自己，養成自信的力量會非常有幫助。

以上原則和方法，用現代科學術語來說，就是心理暗示法。自信是一種心理狀態，可以用成功暗示法去誘導出來。對我們的潛意識重複的灌輸正面和肯定的話語，是發展自信心最快的方式。如果經常用一些正面的、肯定的、自信的語言反覆暗示和灌輸給自己的潛意識，那麼，這些東西就會在我們的潛意識中牢牢扎根，發展為我們的自信心。

06 克服各種自卑心理

不同原因的自卑心理是樹立自信心的最大障礙，為了使自己真正養成自信的習慣，一定要找到自卑的原因，有針對性的予以克服。下面介紹一下具有規律性的、被實驗證明了是有效的克服自卑心理的一些方法：

一、克服由於思想認知方面造成自卑心理

形成自卑心理的最主要原因是不能正確認識自己和對待自己，因此要改變自卑，須從改變認知入手——即學會正確認識、適當評價自己。要善於發現自己的長處，肯定自己的成績，不要把別人看得十全十美，把自己看得一無是處，要知道到他人也有不足之處。

例如，可以這樣做試試：經常回憶那些經過努力，做成功了的事情；對一些做得不對的事情，進行自我暗示——沒關係，別人也不見得就能做好，自己再努力一些，也許會把事情做好。另外，注意發現他人對自己好的評價。每個人總是以他人為鏡來認識自己。也就是說，人們總是根據他人對自己的評價來自我評價的。如果

他人對自己做出較低的評價，特別是來自較有權威的人的評價，就會影響自己對自己的認識，自己也低估自己。因此，要注意捕捉他人對自己好的評價。事實上，不會所有的人都對你做出較低的評價，賞識、瞭解、理解你的人總是有的，關鍵是要你去用心捕捉，將捕捉到的好評價作為自我評價的參考，以增強自信心理。

二、克服由於生理方面所造成的自卑心理

人身體是具有「用進廢退」功能的：盲人失明，耳朵就特別靈敏；腿有毛病，手就特別靈巧。所以，當你因生理有缺陷而產生一種不如健康人的自卑感的時候，可以這樣想：雖然我的眼睛看不見，但我的耳朵比你靈敏；單就生理上看來，我並不比你矮半截。其實，人是靠心靈稱雄的。社交場合的強者，是有修養、有知識的人。一個身體健康的人，如果頭腦空虛，那他不過是空有軀殼；一個有身體障礙的人，如果內心世界豐富，正如陰暗背景的閃光，更顯得耀目，更能得到人們的愛戴。問題是，首先要自己看得起自己，然後才能希求不被別人輕視。

三、克服由於社會環境方面所造成的自卑心理

在社會中，農村的人與城市的人、較富裕的與生活條件較差的人、學歷高的與

學歷低的人，在人格上是完全平等的，沒有什麼高低貴賤之分，不應該有天然的優越感與自卑感。自然的生活環境，與人們的修養、知識、能力沒有內在的、必然的、絕對的關聯。城市的人不一定就比農村的人水準高；生活條件較差的人不一定比有錢的人能力差；無學歷的人不一定就比有學歷的人能力低。在交往中，千萬不能背上矮人一截的心理包袱。

有人因工作環境不好，進而產生一種自卑心理，即職業自卑感。有些人覺得自己的職業不如別人，因而在與人交往中，不願談及自己的職業，甚至不願報出自己單位的名稱或職務，以免別人瞧不起。職業自卑感是後天形成的，既有客觀因素又有主觀因素。

克服和消除職業自卑心理，可以從以下幾個方面去努力：首先，塑造自己堅強的性格。一個人是否產生職業自卑心理，與其性格特徵有很大關係。一個人被自卑心理所困擾，喪失進取心，通常與其性格怯懦、意志薄弱有關。而那些自信心強勇於進取的人，往往性格比較開朗、大膽、意志堅強。對於已露出自卑苗頭的人來說，要注意透過鍛鍊、自我教育等方法，培養自己堅強的性格。其次，要學會保持心理平衡。自卑是失去心理平衡的一種精神狀態，要恢復這種失調的心理，就要從比較中認識自己。根據自己的條件，並經常及時的對自己進行反省和調整。要認識到任何職業都有特殊的作用，每一種職業都有著無窮的奧祕，勝任每一種職業都是很不容易的，也都是了不起的。經常運用這種方法調適心理，可以增強職業自信心和職業榮譽感。

四、克服由於性格氣質方面造成的自卑心理

一般來說，心理活動傾向於內向者，較沉靜、穩重、處事謹慎，但反應緩慢，適應環境比較困難，顧慮多，交際面窄。內向性格和外向性格各有所長，各有所短，不能絕對的說哪一種就一定好。在社交方面，內向性格較之外向性格有更多的消極因素。例如：內向性格的人不喜歡把自己的悲喜情緒告訴別人。他們寧願獨自去忍受或享受，這就容易進入激動狀態，使意識的控制作用降低，使理智分析能力受到抑制，不能正確評價或控制自己的行為。

要使內向性格逐漸變得外向些，一要積極適應和改造環境，環境作用於人，使人的性格變化。我們要正確對待環境條件，使我們的性格不論在任何環境條件下，都得到良好的塑造。可以多參加一些團體活動，主動與別人接觸。二是自我調節並

解決心理衝突。內向性格的人常常把痛苦、煩惱統統悶在心中，時間越長，性格就會變得越內向。因此，要學會宣洩，把苦悶向他人談一談，排遣掉，使心情變得輕鬆、愉快。三要培養多方面的興趣和嗜好。興趣廣則交際廣，又會學到許多知識，培養多方面的興趣和嗜好，培養出多種才能，有益於活潑性格的形成和發展。

五、克服由於生活經歷方面所造成的自卑心理

人們在遭受挫折後，可能會產生各種反應，或反抗，或妥協，或固執。有的人由於較敏感、心智不夠堅強，挫折會給他們沉重的打擊，從此變得自卑起來。當你在交往中，受到別人的冷落和嘲諷時，不要迴避，不要氣餒，要冷靜分析失敗的原因，採取積極的態度，用笑臉去迎擊悲慘的厄運；用過人的勇氣去承受所遭到的不幸。這樣，你才會變得堅強而自信起來。

一種性格的改變是很不容易的，其原因就在於習慣。但須確信，性格是可以改變的，性格在主客觀的相互作用中變化。可以透過調整、改變生活環境和自己的行為，自覺的克服不利的環境影響，培養出良好的性格。

07 戰勝虛榮，建立自信心

為什麼有些人容易產生虛榮心呢？主要有以下兩種情況：一種人是自尊心過強，迫切希望得到榮譽，特別關心自己在他人心中的評價；二是部分人內心深處往往有一種潛在的自卑感。

為了樹立真正的自信心，要努力戰勝虛榮。虛榮是一種不良的性格，是一種被扭曲的自尊心，是缺乏自信的表現。一個人越缺乏自信，虛榮心就越強。

由於自卑，他們對於自己的才能缺乏信心，感到沒有憑真才實學、實際才能取得榮譽、博得社會讚譽的能力；但又希望自尊心得到滿足，於是自欺欺人的務虛不務實，滿足於虛假的榮耀。

從近處看，虛榮彷彿是一種聰明；從長遠看，虛榮實際是一種愚蠢。虛榮的人不一定少機敏，卻一定缺遠見。虛榮的女人是金錢的俘虜，虛榮的男人是權力的俘虜。太強的虛榮心，使男人變得虛偽，使女人變得墮落。虛榮者，容易輕浮；輕浮者，容易受騙；受騙者，容易受傷；受傷者，容易沉淪。許多沉淪，始於虛榮。

法國文學家莫泊桑著名的小說《項鏈》描寫了一個虛榮心十足的路瓦栽夫人，她為了在一次宴會上出一下風頭，特地從女友那裡借來了一條鑽石項鏈。當她戴著項鏈在宴會上出現的時候，引起了全場人的讚歎和奉承，她出足了風頭，虛榮心得到極大的滿足。不幸的是，在回家的路上，這條鑽石項鏈卻弄丟了。為了賠償這條價值三萬六千法郎的項鏈，她背負了重債。當債還清時，她才知道原來那條項鏈是假的，最多只值五百法郎，這就是虛榮心招致的惡果。

虛榮心表現在學習和工作上，往往有些人學習、工作取得的成績並不那麼突出，卻希望得到超過自己實際水準的讚譽。若得不到，就到處表現自己，逞能逞強出風頭，甚至作弊摻假，騙取榮譽。結果沒有在實務上下工夫，而是虛張聲勢，追求表面，很不踏實，受到一點表揚，沾沾自喜，飄飄欲仙，自滿自足，不再前進。有的人還設法在「金錢」、「地位」、「相貌」上追求虛榮，結果在生活中遭受不必要的挫折或誤入歧途。為了使自己樹立真正的自信心，就必須有意識的克服虛榮心。以下建議可供參考：

✓做到自尊自重。做人要有起碼的誠實和正直，絕不能為了一時的心理滿足，不惜用人格來換取。只有把握住自尊與自重，才不至於在外界的干擾下失去人格。

✓樹立崇高的理想。人應該追求內心的真實的美，不圖虛名。很多人能在平凡的崗位上做出不平凡的成績，就是因為有自己的理想，同時，做到自知之明。要能正確評價自己，既看到長處，又看到不足，時刻把消除為現實理想而存在的差距作為主要的努力方向。

✓正確對待輿論。虛榮心與自尊心是有關聯的，自尊心又和周圍的輿論密切相關。別人的議論，他人的優越條件，都不應當是影響自己進步的外因，決定需要的是自己的努力。只有這樣自信，才能不被虛榮心所驅使，使自己成為一個真正因有實力而自信的人。

虛榮，很像是一個綺麗的夢。當你在夢中的時候，彷彿擁有了許多，當夢醒來的時候，你會發現原來什麼也沒有。與其去擁抱一個空空的夢，還不如去把握一點實實在在的東西。

08 樹立積極的自我形象

我們的父母、我們所處的環境、我們周圍的人、我們生活中的事物，都會對我們如何去看待自己產生很大的影響。然而，最終，不管什麼事物和環境，都不能決定我們所持的自我形象。我們的自我形象的類型是由我們的內部因素決定的，而不是由外界發生的事情來決定的。

積極的自我形象會賦予你勇往直前面對路上一切障礙的性格。有了充足的自尊，你就會懷著信心、希望和勇氣來面對最令人沮喪、令人氣餒的境遇。那麼，怎樣才能樹立健康、積極的自尊呢？或許，下面的一些建議會對你有所幫助：

一、完全無條件的接受你自己，現在就開始

現在不是探討你是怎樣被塑造成現在的你的問題，而是你如何對待現在已經成形的你的問題。為了你不喜歡自己的地方，責怪你的父母、怪社會對你的不公、怪你的身體和智力的缺陷，或者怪任何方面，都是於事無補了。

真正的問題是：你是誰？你怎樣對待自己？

首先就是趕快建立起強烈的自尊。接受你自己，然後繼續努力！

二、避免說自己低劣、醜陋的地方

你特別不喜歡別人貶低你，是不是？你尤其不喜歡虛假的或者是在某種程度上真實的消極評論，對不對？然而，一個破壞性的自我批評對你造成的傷害，卻十倍於別人對你的批評！那些總是說自己缺點的人，到後來真的相信自己有這麼多的缺點。一旦他們相信自己，他們的行動就處處受到自己想法的限制，他們就會真的變成他們自己所說的那樣一無是處的人。

但是你不能忽略你自己或者別人做出所有的批評。如果你一星期不洗一次澡，身上發出一種狐臭氣味，不理會自己的鼻子和朋友的掩鼻是愚蠢的！要學會區分評價是破壞性的，還是建設性的。當你和別人有消極的評論時，想想你是否能——或者說應該做點什麼了。

最重要的一點是：不要養成以不適當的批評來貶低自己的習慣。要養成一個欣賞自己的優點的習慣。你就會發現你更加喜歡自己了。

三、去糾正你不喜歡、但能夠改變的行為

列出你不喜歡你自己的地方，內容可多可少。但是，一定要做到誠實。在你認為你能改正的事項打一個勾。寫兩個短評：一個是接受聲明，表示接受你不喜歡但你不能改變的地方；第二個是保證書，保證改變你所有能改變的地方。接下來就是要去改變它們。此外，還要努力剔除以下可能存在的不良習性：

一、去除所有的褊狹和復仇情緒

這些傾向就好像是花園裡的雜草，你不必去考究它們究竟來自何處，或者是它們是怎麼滋生的——只需將它們連根拔起，除掉它們就行了。

有人曾問十九世紀的英國首相迪斯雷利：「為什麼你會給一個對你批評最苛刻的人任以高職？」他回答說：「我從不把我的心思放在要報復別人上。」同樣，林肯的哲學是：「我從不讓任何人將我的靈魂降到仇恨的水平上。」忌恨就像是毒瘤，只有靠折磨你，它們才會生存、生長。

二、向不誠實宣戰

那些有自卑傾向的人，會用謊言欺騙來支撐自己的形象。但是謊騙只能得到相

反的效果：他們會更降低了自己的自尊，不管他們有沒有發現！

謊言和欺騙是掠奪你自尊的惡劣習性。有意思的是，相反的習性則是有益的。正直會賦予你高度的自尊，會為你贏得更多的朋友。

三、讓你的習慣促進你的成功，而不是阻礙你

習慣無非就是一種成為必然的行動。某件事做得足夠多了，就會變成習慣。我們能夠像選擇食物一樣選擇習慣——效果也是一樣的！正如我們的身體由我們吃什麼東西決定，我們的思想和情感則是由受我們所養成的習慣影響的。

當一個人擁有積極思維並且在內心裡這樣評價自己時，他們就開始相信自己這些優點。他們就會變成他們自己認定的那種令人興奮的人。積極的自我評價，能夠讓你建立起自尊。

09 保持自己獨立的個性

在生活中保持自己獨立的個性是非常重要的，也是一種自信的表現。人出生時大都有自己的個性的，或單純，或沉默，或張揚，各有各的特色，是區別於其他人的顯著之處。

但隨著年齡的增長，慢慢融入社會，自己的獨有之處開始一點點磨蝕、消損，到最後，終於無可奈何的成為平凡的大多數。這樣的命運是可悲的，但要想避免被同化，代價也頗為慘重——以一人之力抵擋社會、公眾，其危險不言可喻。然而世界上偏偏有許多有勇氣的人，他們用自己的特立獨行表明著自己的人生是不一樣的，是別有價值的。這種作為，既有得也有所失，但縱觀古今，得大於失。

失去的可能是公眾的生活，孤獨、非議與寂寞可能長相伴隨，甚至親人朋友也不相容忍，這樣的生活在普通人看來是不可理喻的；但對執著於自己個性的人，卻意義非凡——說得淺顯一些，自得其樂；若說得深入，追求生命的本質，原是人生的頭等大事。保持本我，是大英雄真本色，是擁有真正精彩人生的基礎。

但這裡還是有一個限度。張揚個性的同時，切莫傷害他人，那樣的個性是有害的，不但不會充實你，相反會拖累你，讓你墮落，永劫不復。

那麼，怎樣才能保持自己獨立的個性呢？以下建議可供參考：

一、自重

這就是說對自己的思想和行為要有高度的責任感；要守信用，要忠誠於自己、家庭和事業；要熱愛你從事的事業，要努力工作；要樹立自身的內在準則，而不要與別人相比。這並不是一個要比別人更好的問題，自重和正直，要求你比你認為能夠做到的做得更好。

二、把失望變成力量

盡情生活的人們都會發現，個人的磨練使他們在培養毅力和個性的同時，對別人更敏感，更慈愛。他們懂得各種成就之所以值得紀念，是因為它們凝結著辛勤的血汗，銘刻著失望的記憶。

歷史的篇章記載了無數剛毅無畏者的英雄故事，他們戰勝了傷殘和苦難，顯示出勝利的精神：在赤貧的情況下，長大成人的亞伯拉罕·林肯；雖失明失聰，但卻成就非凡的海倫．凱勒……只有善於把失望變成力量激發自己奮進的人，才能在遇到困難和障礙的時候，仍保持自己獨特的個性。

三、享受生活的過程，不光享受生活的報償

我們生活在一個具有既定目標的社會裡，需立即解決許多問題。但是，要盡情的生活，我們只能一天一天的生活下去，品味各種小小成功的喜悅，領悟生活是一個自我發現和自我充實的漫長旅程。這意味著，要挪出時間去關愛你的孩子、關心你的家人，要讓別人先於你感到舒暢愜意。

「我屬於那種無論到哪裡都得帶上溫度計、熱水瓶、雨衣和傘的人。」作家唐．赫羅爾德寫道：「如果讓我重新生活一次的話，我會在早春的日子裡就光著腳跑出去，我會更加繁忙的工作，我會更樂於碰運氣，我會吃更多的冰淇淋。」用心去享受生活過程的人，才容易保持獨特的個性。

四、投身於比自身價值更偉大的事業

如果你打算只為你自己一個人而生活，那麼，你幾乎不可能會生活得快樂。因此，要選擇一項比你自身更大的事業，以非凡的精神為它工作。當你透徹的看到你

的目標，這項事業就會成為你生命的一部分。

不要以你已經做到的事情，而要以你所能做到的事情來衡量你的成敗得失。個性的魅力是難得的，需要呵護和保養。但最重要的是信心和執著。

10 面臨危機要採取主動態度

生活中，有一種凡事都不努力的人。他們在行事過程中，只要稍遇困難和麻煩，就立刻感到沮喪。他們在目的還未達成之前，就已輕易的放棄；僅僅獲得一點皮毛的、十分表面化的知識，就感到非常滿足。而且更要命的是，他們還自作聰明的認為那些努力工作的人是傻瓜。對這些人而言，只要是有困難的事情就等於是不可能辦到的事情。但事實上，如果我們認真的去做每一件事情的話，世上真正辦不到的事情是非常少的。

每個人都曾為不同程度的危機折磨過，但如果你要過一個有意義的人生，就得面對危機，並將危機逆轉為對自我的體認與成就，而不是過失或挫折。事實上，真正能給你帶來領悟、體會和有價值的東西，多數都是有些難處和麻煩的。當主動去克服絕望時，我們事實上已經戰勝了這些挫折。

記住，在面對危機時，必須以我們的勇氣發揮心理上與精神上的力量，來解決所遇到的問題，絕不可讓絕望把我們帶向孤獨。面對危機時，必須以勇氣去迎接它，因為絕望就等於放棄。

任何未來的日子都是新生命的片斷，不可輕言放棄。絕望是大家都經驗過的折磨。這種折磨的感受有如我們在那瞬間放棄了生命的希望。但要記得，生命是不容放棄的。

一個危急關頭就像分岔路，一條通往希望和好的結局，另一條通往壞的結局。每一種危急局勢都存在兩種發展的可能性。棒球比賽到第九局下半，雙方平手，對方滿壘，在這種關鍵時刻上場的投手，可以成為英雄而受到尊敬，也可能丟掉分數而被人唾罵。

休．凱西是最成功、最冷靜、善於解圍的投手之一。有人曾問他在球賽的關鍵時刻上場時有什麼想法，他說：「我只想著我要做的事和我希望發生的事，而不去想打者要怎麼樣，或者我將面臨什麼情況。」他說，他把注意力集中在他希望發生的事上，覺得自己能使它發生，而事情往往就是這樣發生了。

這種態度同樣是在危急時刻做出良好反應的重要關鍵。如果我們面臨危機時，能採取主動進取的態度而不是消極防禦的態度，危機本身就可以作為一種刺激物，來釋放你的潛在力量。

病理學家哈德菲爾德深入研究過，他說：「一個十分平凡的人在緊急情況下，也能突然產生力量進行自助，這種方式是非常奇妙的。」

我們過著拘謹的生活，避開困難的任務，除非被迫去做或者下決心去做時，才會立即產生一種無形的力量。我們面臨危險時，勇氣就產生了；被迫接受長期的考驗時，就發現自己擁有持久的耐力；災難最終造成我們懼怕的後果時，我們會發現內在的潛力。

一般的經驗告訴我們，當形勢特別需要我們的時候，只要我們無所畏懼的接受挑戰、自信的發揮我們的力量，任何危險或困難都會激發能量。關鍵在於「無所畏懼的接受挑戰」和「自信的發揮我們自己的力量」這種態度。

這意味著保持一種進取的、追求目標的態度，而不是防禦的、退避的或消極的態度。「不管發生什麼情況，我都能應付自如，或者看到解決問題的方法」；而不是「我希望什麼事情也別發生」。

這種態度的關鍵是保持你的目標，把自己的積極目標在心中牢牢固定下來。你希望藉由危機體驗來達到你的目標。你保持原來的積極目標，不因為危急情況而轉入第二個目標——逃跑、躲藏和迴避的慾望。或者用威廉·詹姆斯的話來說，你的態度是「戰鬥性的」，而不是恐懼和逃避的態度。如果你能這樣做，危急情況本身就可以作為一種刺激來釋放額外的能量，幫助你達到目標。

心理學家指出，在困難面前，我們往往只有一種基本的情緒——「激動」，它到底是表現出恐懼、憤怒還是勇氣，這取決於我們當時的內在目標：我們是在心裡準備好克服困難、逃避困難還是消滅困難。

「真正的問題並不在於控制情感，而是控制那種會加強情緒力量的選擇。」如果你的意向或態度的目的是向前進，如果是要充分利用關鍵時刻，即使情況危急也要取勝，那麼，這時候的興奮將加強你的意念——它會給你更多的勇氣和更多的力量幫助你前進；如果你失去了原來的目標，你的態度目的是為了逃避危機，尋找方法迴避，那麼，這種逃跑的意念也會得到加強，你就會體驗到恐慌和憂慮。

11 勇於面對生活中的失敗

要勇於向自己挑戰，每一次你做一件事，盡你所能做得比自己上一次的表現更好、更快，你就會脫穎而出。

在面對困境的時候，一定要抱持正確的態度：

✓遇到了問題——沒有什麼了不起的，問題已經包含著解決問題的辦法。

✓遇到不幸——對擁有積極心態的人，每一個不幸都有等量或更多幸運的種子。

✓遇到困難——假如生命給了我們一個困難的問題，它同時也給了我們應付這些困難的能力。生命自然能找到出路，可用以克服它的特殊困難。

為此，請記住一句自我激發的話：「我可以做到！」只要是以積極心態為指引，敢想敢做，但又不違背道德法律，就幾乎沒有辦不成的事。

失敗從來不會讓人高興，但一旦你學會利用它，它就會為你做出積極的貢獻。比起重複過去的成功，失敗是個更好的老師。重複過去的成功，不見得使你學到新東西，而失敗則肯定能給你新的教益。你可以從一個辦得一團糟的聚會中，學會怎樣舉辦一個成功的聚會；你也可以從一系列失敗的方案中，整理出比較可行、比較成功的方案。總之，只要你動腦分析失敗，從失敗中獲取教訓，你就能更快的從失敗中走出來。

如果我們對失敗有了正確的認識，而且對失敗採取了正確的態度，那麼，我們就不會被失敗所打倒，屢經失敗而不言敗的堅強毅力也就自然產生了。

那麼，我們應該以怎樣的態度去面對生活中的失敗呢？以下建議可供參考：

一、避免說「失敗」這個詞語

成就卓著的人很少使用「失敗」二字。因為這個詞使人壓抑，聽起來似乎意味著一個人的末日來臨。他們更喜歡使用「過失」、「弄糟」或「不良結果」等詞彙，來表達遇到失敗。

二、別為自己掛上「失敗者」的標籤

失敗不僅是結果，它還是態度。當事情辦糟的時候，不要本能的為自己掛上「失敗者」的標籤。你怎樣描述自己，你很可能就會變成那個樣子。反覆多次的自稱為失敗者，不僅意味著將成功無望，而且還會限制自己的潛能。

三、事先擬定防止失敗的計劃

一定要幫自己擬定一個防止失敗的計劃，經常自問：「如果這事發生，最壞的後果將會怎樣？」假想失敗能促使你明確的考慮實際選擇。你有足夠的條件和能力確保你度過那段時光嗎？如果你的老闆向你發來一份解聘通知，你有能力另起爐灶嗎？事先有所準備，才不會措手不及。

四、學會理智的面對失敗

一位名叫傑克．馬特森的美國教授開設了一門課程，學生們戲稱為「失敗一〇一」。馬特森讓他的學生設計無人購買的商品模型。於是，學生們設計了倉鼠用的熱水浴缸和在颶風中飛行的風箏。這些商品的構想都十分荒唐可笑，注定不會成功。但有幾位學生將挫折視為革新而非失敗，在心理上一點都沒有失敗的顧慮，他們倒覺得可以自由自在的大膽構想製作。

由於大多數學生要經過五次失敗後才能找到適當的工作，因此他們認識到絕不能將失敗視為最後的定局。馬特森說：「他們學著重新裝彈，做好再次射擊的各種準備。」

學會理智的面對失敗，你才能很快走出失敗的陰影，以強者的姿態，去面對未來。擴大自己的支持系統也十分重要。失敗後的解決辦法就是依靠家庭和親友，要善於從他們那裡尋求幫助。

12 利用情緒改變自己的命運

要想有效的利用情緒，首先就必須認知：一切情緒都得朝向積極面來運用，然後從其中好好學習、妥當運用，使之能讓你得到更美好的人生。要記得這句話：「你所認為的負面情緒，本質上就是要你拿出積極的行動。」

為了讓自己改變對負面情緒的認知，我們最好將其改稱為「行動訊號」，當你逐漸熟悉了各個訊號及其所帶來的訊息，那麼你就不再會視先前所認為的負面情緒為敵人，而會視為是盟友、朋友、老師、教練，他們將會指引你走出人生的低谷，攀上高峰。當你學會如何運用這些訊號，就不再會無由的恐懼，進而會勇於嘗試各式各樣的挑戰，使人生過得更加豐富。

要想達到這種境界，你就得改變對情緒的舊想法，不要任由它帶著你起舞，要代之以理性的思考，讓自己拿出行動，朝向更高的目標邁進。如果一味只想逃避負面情緒，那麼就會錯失它所帶給你的無價機會。一切的情緒對我們都很重要、都有價值，千萬不要浪費上天所賜給你的這些寶貴資源。

那麼，情緒到底是來自何處呢？其實情緒都來自於你自己。很多人都這麼以為，一切希望得到的情緒都必須等候。比如說，有些人除非真正得到所企求的東西，否則就不覺得感受到愛、快樂或信心。

如果你確信自己是情緒的發動者，那麼，為什麼不始終讓自己覺得高興呢？所謂的負面情緒之所以會出現，若不是我們的認知出了問題，那就是我們的行為未達預期的效果，這個行為包括了訊息的告知及採取的行動。

既然我們所做的無法得到所期望的結果，那麼就必須改變做法。別忘了，我們的認知受控於我們的觀念，也受控於我們對其的詮釋。若以積極的心態去看負面情緒，其實它可以是一種行動訊號。例如：自尊心受傷，乃是告訴你必須改變溝通技巧，這樣，日後自尊心便不會再受傷；又如沮喪，乃是告訴你得改變原先的做法，別以為一切無望或無法掌握。

每一個問題之中都藏著解決的辦法，只要你真正拿出行動，用積極的心態去面對，事情就終有解決的時候。當你的困擾消失後，內心便會油然升起一份自信，日後你再遇到類似的問題時，這份自信便能伴著你安然度過。一切行動訊號所帶來的真正訊息是，它們不僅僅幫助你拿出行動，同時改變你先前的想法、認知、溝通技巧及行為，讓你不再像是隻受困於屋內的蒼蠅，沒命的往玻璃窗上撞。

痛苦和快樂對於我們人生的塑造居於關鍵地位，我們可以利用這股力量來改變我們的行動和命運。為什麼人們對於現狀明明不滿意，可是卻不願意努力去改變呢？那是因為他們知道，任何改變都會把他們帶向另一個未知，而大部分人對於未知多抱著一種恐懼的心理，唯恐它會帶來預料不到的痛苦。像俗話說：「認識的魔鬼總是比不認識的魔鬼要好一些。」或另外一句俗話說：「一鳥在手，勝過二鳥在林。」這都足以證明人們喜歡做自己熟悉的事，也無怪乎大家都不願拿出行動，去改變自己的命運。

如果你想有良好的人際關係，那麼就得去克服被人拒絕或傷害的恐懼；如果你想建立起屬於自己的事業，那麼就得敢冒失敗的風險。事實上，人生中大部分值得去做的事，都得違反自己傳統的想法，雖然這會使你因為不熟悉而感到恐懼，但若想有成功的人生，那就得化恐懼為能力。

我們經常為恐懼所控制，以致所作的美夢難有實現的一天。就以搭飛機來說，有些人就不敢，因為他們總怕有一天它會掉下來。也許他們的恐懼是來自於過去曾有過這樣的經驗，自己對未來的遐想或看見報紙剛好有這樣的新聞而受到影響，以至於不敢搭飛機，他們願意被恐懼所控制。應當知道，我們不是活在過去的經驗裡，也不是活在未來的想像中，而是活在現在的事實裡，真正會讓我們痛苦的，是「以為會痛苦」的念頭。

現在，就讓我們來嘗試改變吧！首先，你要用筆寫下四個已經拖延很久但得馬上拿出來的行動。也許是減肥、戒菸、跟已經絕交的好友談和，或重新聯絡一位老朋友。其次，你要在這四個行動之下各寫下這些問題：為什麼我先前沒有行動？是不是當時有什麼困難？回答這些問題有助於你認識躊躇不前的原因，是跟去做的痛苦有關，因而寧可拖延。如果你認為這跟痛苦無關的話，那麼不妨再多想一想，或許是這個痛苦在你眼裡應該微不足道，甚至並不認為那是痛苦了。

隨後，寫下你拖延那四個行動而覺得快樂的理由。例如，你認為應該減肥，那麼又為什麼吃下兩個漢堡、一大包薯條和一大杯可樂呢？是不是你覺得無法做到為了減肥而得忍受少吃的痛苦，而吃這麼多高熱量及高脂肪的食物的確能使你快樂，以致你遲遲不拿出行動？你若是希望能有長期效果的改變，那麼，就得找出能使你快樂而不會有反效果的新方法，這樣才能使你明白什麼才是你追求的目標。

接著，寫下如果你不馬上改變所會造成的後果。

如果你不停止再吃那麼多的糖分和脂肪，會怎麼樣？如果你不停止抽菸，後果會如何？如果你不打一通認為應該打的電話，會怎樣？如果你不每天運動的話，對健康會有什麼影響？二年、三年、四年及五年後，會產生什麼樣的毛病？如果你不改變的話，在人際關係上得付出什麼樣的代價？在自我形象上會付出什麼代價？在錢財上會付出什麼樣的代價？對這些問題你要怎麼回答呢？可別只是說：「我得破點財。」或：「我會變胖。」這種回答是不夠的，你得找出能使你感到痛苦的答案，那麼，這時痛苦便會成為你的朋友，幫助你推向另一層次的人生。

最後，你要寫下那四個行動後的所有快樂。要寫得越多越好，這樣才會鼓起你的幹勁。這時，你可能會很興奮的說道：「我將能掌握自己的人生了，我將對自己更有自信，將會更健康，我的人際關係將更好，我在各方面將會做得更好。我的人生從現在開始將會比以前更好，並且一直延續到二年、三年、五年乃至十年之後。只要我真的採取行動，就必然能實現所作的夢想。」要盡量把一切有關目前及未來的正面效果都寫上去。

人生短暫，不容蹉跎，你在人生中真正能抓住的時間就是現在、就是今天，把這個練習仔細的做一遍，必能讓你瞭解痛苦和快樂對你人生所能造成的影響。

相信命運，不如相信自己

編著 陳姿華
出版者 大拓文化事業有限公司
執行編輯 林秀如
封面設計 林鈺恆
內文排版 姚恩涵

總經銷 永續圖書有限公司
劃撥帳號 18669219
地址 22103 新北市汐止區大同路三段一九十四號九樓之一
TEL （○二）八六四七—三六六三
FAX （○二）八六四七—三六六○
E-mail yungjiuh@ms45.hinet.net
網址 www.foreverbooks.com.tw

CVS代理 美璟文化有限公司
TEL （○二）二七二三—九九六八
FAX （○二）二七二三—九六六八

法律顧問 方圓法律事務所 涂成樞律師

出版日◇二○一九年一月

國家圖書館出版品預行編目資料

相信命運,不如相信自己 / 陳姿華編著. -- 初版.
-- 新北市：大拓文化, 民108.01 面； 公分.
-- (成長階梯；74)
ISBN 978-986-411-087-2(平裝)
1.自我實現 2.生活指導
177.2 107020256

謝謝您購買 相信命運，不如相信自己 這本書！

即日起，詳細填寫本卡各欄，對折免貼郵票寄回，我們每月將抽出一百名回函讀者寄出精美禮物，並享有生日當月購書優惠！

想知道更多更即時的消息，歡迎加入"永續圖書粉絲團"

您也可以利用以下傳真或是掃描圖檔寄回本公司信箱，謝謝。

傳真電話：（02）8647-3660 信箱：yungjiuh@ms45.hinet.net

☺ 姓名： □男 □女 □單身 □已婚

☺ 生日： □非會員 □已是會員

☺ E-Mail： 電話：（ ）

☺ 地址：

☺ 學歷：□高中及以下 □專科或大學 □研究所以上 □其他

☺ 職業：□學生 □資訊 □製造 □行銷 □服務 □金融
□傳播 □公教 □軍警 □自由 □家管 □其他

☺ 您購買此書的原因：□書名 □作者 □內容 □封面 □其他

☺ 您購買此書地點： 金額：

☺ 建議改進：□內容 □封面 □版面設計 □其他

您的建議：

廣告回信
基隆郵局登記證
基隆廣字第 57 號

新北市汐止區大同路三段一九四號九樓之一

大拓文化事業有限公司收

請沿此虛線對折免貼郵票，以膠帶黏貼後寄回，謝謝！